Reinhard Baumann

Die Herrschaft des Seins

oder

Wie der Mensch sein Bewusstsein erschafft

Copyright: © 2017: Reinhard Baumann
Satz: Erik Kinting – www.buchlektorat.net

Verlag: tredition GmbH, Hamburg
978-3-7345-9916-3 (Paperback)
978-3-7345-9917-0 (Hardcover)
978-3-7345-9918-7 (e-Book)

Bibliografische Information der Deutschen Nationalbibliothek:
Die Deutsche Nationalbibliothek verzeichnet diese Publikation in der Deutschen Nationalbibliografie; detaillierte bibliografische Daten sind im Internet über http://dnb.d-nb.de abrufbar

Einleitung

Thomas Young, ein vielseitig interessierter englischer Augenarzt und Physiker, experimentierte im 18. Jahrhundert mit Licht. Young konnte die Wellennatur des Lichts nachweisen und um das Jahr 1800 so schon einige Phänomene erklären, die mit Newtons Modell nicht in Einklang zu bringen waren. Das war revolutionär.

Im Jahr 1802 stellte er erstmalig sein Doppelspaltexperiment vor: Er schickte Licht durch zwei parallel nebeneinander liegende Spalte. An der dahinter befindenden Wand sollte sich das Licht durch zwei helle Balken abbilden, was es aber nicht tat. Das durchfallende Licht erschien in mehreren hellen Streifen, von der Mitte aus gesehen nach außen schwächer werdend. Es zeigte sich ein sogenanntes *Interferenzmuster*. Die Wellennatur des Lichts war bewiesen.

Dieser Doppelspaltversuch ist bis heute hunderte Male wiederholt worden, auch mit komplexeren Molekülen und sogar schon mit Materieteilchen. Das Ergebnis bleibt immer das Gleiche: An dem dahinter liegenden Detektor entsteht durch die auftreffenden Teilchen ein Interferenzmuster, ein Wellenmuster. Versucht man aber den Weg eines einzelnen Teilchens, beispielsweise eines Photons durch eine

Messung zu bestimmen, zeigen sich am Detektor zwei helle Balken und nicht das Interferenzmuster. Das geschieht auch, wenn man einen der Spalte abdeckt, was jeder Erfahrung aus unserem täglichen Leben widerspricht. Die Physiker nennen dieses Phänomen den *Kollaps der Wellenfunktion.* Der Versuchsaufbau ist demnach bereits ein Teil eines ganzen Systems.

Führt man an einem solchen System eine Messung durch, so wird man stets einen einzigen Zustand ermitteln. Dies bedeutet, dass sich alle Teile zunächst in einer Position befinden, aus der durch Messung oder eine andere Energiezufuhr ein Zustand entsteht, der als ein *eindeutig bestimmter* bezeichnet werden kann. Alle Teile befinden sich zunächst in einer sogenannten *Superposition*, in einem Zustand ohne Sinn und Bedeutung, der beispielsweise durch eine Messung in einen eindeutig bestimmten Zustand übergeht. Das bedeutet: Erst durch die Messung, sprich durch die Beobachtung entsteht ein Zustand, den wir als einen *Ist-Zustand* bezeichnen. Sinn und Bedeutung entstehen also durch das Messen eines Zustandes oder durch die Beobachtung. Die Physiker drücken es so aus: Der Gesamtzustand aller Teile ist eine Überlagerung aller Einzelzustände. Durch die Messung wird der Gesamtzustand auf einen eindeutigen Zustand reduziert, was man als *Zustandsreduktion* bezeichnet. Das ist krass.

Was soll das aber bedeuten? Wir schauen etwas an oder messen es und dadurch entsteht es? Vorher existiert es als Element der Wirklichkeit nicht? Erschaffen wir also mit unserem Bewusstsein unsere Welt?

Die Physiker sind noch sehr vorsichtig mit dieser Betrachtungsweise. Aber sie sagen auch, dass wir in unserer Welt, also in unserem System, nicht nur eine passive Rolle spielen, sondern aktive Teilnehmer sind. Wir geben dem System Sinn und Bedeutung, indem wir daran teilnehmen. Und indem wir daran teilnehmen, sind wir auch das System. Die Wirklichkeit, die wir wahrnehmen, ist die, die wir dem System geben. Es ist die Information, die sich im Moment der Beobachtung einstellt oder etabliert. Durch unser aktives Teilnehmen erschaffen wir die Realität, die wir wahrnehmen. Das Anordnen der Teile aus der Superposition in einen bestimmten Zustand, also das Geben von Sinn und Bedeutung bleibt solange erhalten, bis ein weiterer Teil hinzugefügt wird. So entsteht, aufbauend auf den vorangegangenen Zustand das, was wir wahrnehmen. Es ist eine Abfolge von Ereignissen, die wir selbst erschaffen.

Das Ereignis ist die Information, die wir dem System geben und die die Teilchen letztendlich mit sich tragen. Wir bestehen beispielsweise zum größten Teil aus Kohlenstoff. Andere Lebewesen aber auch. Der Kohlenstoff in einer Pflanze ist der gleiche wie der in uns. Dem Kohlenstoff ist es schlicht egal, was aus ihm wird. Woher aber weiß der Kohlenstoff, dass aus ihm ein Mensch werden soll? Es ist die Information, die jedes einzelne Teilchen des Moleküls mit sich führt. Es ist die Information über die Anordnung der Atome des Kohlenstoffs. Wenn man den Kohlenstoff eines Menschen durch den Kohlenstoff einer Pflanze austauscht, bleibt er trotzdem ein Mensch. Es ist nur die Information, die letztendlich die Pflanze ausmacht. Folglich ist das Universum ein Feld der Information, ein Feld, in dem alle Teile in einer Position verharren, in dem sie noch nichts sind und nur darauf warten, von einem System oder einer Quelle oder Energie in einen Zustand versetzt zu werden, den wir als *Wirklichkeit* bezeichnen. Das ist einfach verblüffend.

Wenn wir nun ein Teil dieses Ganzen sind, ein Teil des Universums, dann muss das Universum ein sich selbst aufbauendes, erhaltendes und organisierendes System sein. So könnte man die Natur der Wirklichkeit erklären. Diese Frage ist aber noch nicht eindeutig beantwortet. Es gab Physiker, die betrachteten das Universum als ein einziges Bewusstsein und dass wir alle Teile dieses einzigen Bewusstseins seien. Das kann man durchaus so sehen. Ob das tatsächlich so ist, wissen wir nicht beziehungsweise noch nicht. Eins ist aber sicher: Wir können mit unserem Bewusstsein uns selbst steuern, in eine Richtung, in die wir wollen, wenn wir wissen, was wir wollen. Und das scheint die fundamentale Frage der Menschheit zu sein: *Was wollen wir oder was willst du? Oder: Wo kommen wir her? Wer sind wir? Wo gehen wir hin? Warum haben manche Menschen Erfolg und andere nicht? ... Warum gibt es arme und reiche Leute?*

Viele Menschen stellen sich immer wieder diese Fragen. Sie begegnen ihnen immer wieder aufs Neue. Und die meisten Menschen suchen ihr ganzes Leben nach Antworten auf solche Fragen. Dabei liegen die direkt vor ihrer Nase. Sie erkennen sie nur nicht.

Dieses Buch wird dir helfen Antworten auf deine Fragen zu finden. Das ist gar nicht so schwer. Im Gegenteil: Es ist ganz einfach. Denn alle einfachen Dinge sind genial und alle genialen Dinge sind meistens ganz einfach. Du brauchst nicht mehr zu tun, als mit dem zu arbeiten, was du hast, was dir die Natur sowieso schon gab.

Wie alle anderen bist auch du ein Teil dieser Welt, von dieser Natur, in der alles bestimmten Gesetzen unterliegt und alles wie von selbst geschieht, aber nichts durch Zufall.

In der Natur gibt es keine Zufälle. Die Pflanzen wachsen nicht durch Zufall. Das Leben vermehrt sich nicht durch Zufall. Es ist die Folge einer Ursache. Alles in unserer Umwelt geschieht nach dem Gesetz von Ursache und Wirkung. So kannst auch du die Ursache in Gang setzen, die dich dahin bringt, wo du hin willst, zu einem Leben, wie du es dir wünschst, zu einem erfüllten Dasein.

Das ist im Grunde alles. Und das kannst auch du.

Sein oder nicht Sein?

Die Welt in der wir leben stellt sich wie ein Beziehungsgeflecht aus sinnhaften Bezügen dar. Wir versuchen, diese Feststellung kurz zu analysieren:

Ein sinnhafter Bezug, das Sein, ist also die Folge einer Gegebenheit in einer bestimmten Zeit. Das Universum expandiert. Das heißt, es wird morgen größer sein als heute.

Das bedeutet wiederum, dass das Sein als Gegenwärtiges Ist auch ein Prozess des Werdens ist. Somit ist das Sein an Zeit gebunden und ein Moment des Werdens im expandierenden Universum. Das Sein oder auch das Dasein des Menschen ist ein Augenblick des Werdens.

Woraus sich auch die Antwort auf die Frage der Wahrheit ergibt: Die Wahrheit ist eine Situation eines gegenwärtigen Ist-Zustandes. Die Welt oder auch die Natur ist im Moment so wie sie eben ist, so wie wir sie wahrnehmen. Die Wahrnehmung dieses Ist-Momentes erfolgt durch unsere Sinne. Das Sein ist also das Wahrnehmen eines Ist-Zustandes zu einer bestimmten Zeit durch die Sinne eines Menschen. Das Sein geschieht. Es ist kein statischer Zustand. So ist auch die Wahrheit die Wahrnehmung eines Ist-Zustandes zu einer bestimmten Zeit. Die

Wahrheit geschieht. Die Wahrheit als ein gegenwärtiges Wahrnehmen eines Zustandes der Welt oder Natur durch die Sinne ist also gleichzusetzen mit dem Erkennen des Zustandes des Seins. Sein ist Gegenwart und Zeiteinheit eines Prozesses des Werdens und Ist-Zustand der Wahrheit. Die Welt wird morgen eine andere als gestern sein. Somit werden die Wahrheit und das Sein morgen auch andere sein als gestern. Der Augenblick der Erfassung eines Moments oder eines Ereignisses ist gleichzusetzen mit dem Augenblick des Seins und der Wahrheit.

Darum ist das Dasein, die Existenz des Menschen, alleine durch das Erkennen seines Selbst zu erklären. Wir sind, weil wir dies erkennen. Wir könnten auch sagen: *Das Universum findet Ausdruck durch unsere Existenz, durch unser Dasein.*

Was ist der Sinn des Lebens?

Bestimmt hast du dir diese Frage auch schon gestellt. Sicher kennst du diese Sprüche wie: Das macht doch alles keinen Sinn mehr. Oder: Das war heute wieder ein sinnloser Tag. Viele sehen auch in ihrem Leben keinen Sinn und Verzweiflung macht sich breit.

Als in der Natur das Leben entstand hat es nicht nach dem Sinn gefragt. Das Leben begann weil auf der Erde die Bedingungen zum Entstehen von Leben gut waren und nicht weil eine übernatürliche Gestalt es geschaffen hat. Leben entsteht immer und überall.

Frage besser nicht nach dem Sinn des Lebens, du wirst keine zufrieden stellende Antwort finden sondern füge mit deinem Leben, mit deinem Dasein dem Leben etwas hinzu. Bereichere dein Dasein indem du ständig nach etwas Neuem nach Mehr strebst.

Um dahin zu kommen brauchst du aber ein Ziel. Du brauchst ein Ziel das du erreichen willst. Du musst wissen nach was du strebst. Denn in dem Moment wo du weißt was du willst, wirst du dein Ziel auch erreichen. Das funktioniert bei allen Menschen genau so. Also wird es bei dir auch gehen. Denn was der eine kann, das kann der andere auch. Weil wir alle gleich sind. Wir unterliegen alle den gleichen Gesetzen der Natur in die wir hineingeboren wurden. Und darum kann jeder Mensch das erreichen was er will. Du auch. Du musst es nur wollen. Und hier scheitern die meisten Menschen. Sie haben keinen Willen. Wollen kommt von Willen. Neun von zehn Menschen wissen nicht was sie wollen. Ist das nicht erschreckend. Sie sind überladen mit all den unnötigen Informationen die täglich auf sie ein prasseln.

Wenn du nicht weißt was du willst, was dein Ziel ist, dann kannst du das schnell ändern. Nimm dir eine Stunde Zeit, setze dich hin und schreibe alles auf was du gerne haben möchtest. Schreibe wirklich alles auf was dir einfällt. Und wenn du mehrere Blatt Papier dazu brauchst. Wenn du damit fertig bist schaust du dir alles genau an. Lass das Blatt auf deinem Tisch liegen, so dass es dir jeden Tag ins Auge fällt. Nun beginnst du nach und nach alles zu streichen was dir im Moment nicht so wichtig erscheint. Lese aber immer wieder alles durch und streiche nur das durch was du im Moment nicht brauchst. Das machst du so lange bis nur noch ein Wunsch übrig bleibt.. Und das ist dein Ziel das du anstreben sollst. Am Ende wird dir das Abwägen schwer fallen, aber du musst dich entscheiden Egal wie klein oder wie groß es dir erscheint. Größe spielt keine Rolle. Fang einfach an es zu machen. Du wirst sehen es wird funktionieren. Natürlich sollte dein Ziel für dich realistisch erscheinen. Ein Flug zum Mond kannst du auch erreichen. Für einen Großteil der Menschheit wird dieser Wunsch aber eine Utopie bleiben.

So nun hast du dein Ziel erreicht. Was machst du nun? Du beginnst einfach von neuem und machst dir wieder eine Liste. Mach es genau so wie du es schon mal gemacht hast. Verwende aber nicht die alte Liste. Du musst eine Neue machen. Denn mittlerweile ist die Zeit vergangen und die Welt hat sich weitergedreht. Du hast neue Dinge entdeckt und deine Interessen haben sich geändert. Schreibe wieder alles auf was du dir wünschst. Und dann streichst du wieder alles durch was dir im Moment nicht wichtig erscheint bis auf einen Wunsch. Das ist dann dein nächstes Ziel. Und so machst du es immer wieder. So wird sich dein Leben aufbauen. Schritt für Schritt für Schritt. Und es ist egal wie lange es dauert. Du darfst nur eines nicht machen. Aufhören. Wenn du dir etwas vorgenommen hast, dann musst du es zu Ende bringen oder du fängst es nicht an. Deshalb musst du genau wissen was du willst. Und das kannst du am Besten herausfinden indem du analysierst was du im Moment nicht brauchst. Also setz dich hin fang an zu schreiben und mache deine Liste. Nur so geht es.

Wenn du nun weißt was du willst dann mach den ersten Schritt und fang an. Denn wenn du nicht anfängst wird auch nichts passieren. Warte nicht bis ein Anderer für dich anfängt. Denn das wird nicht geschehen. Oder würdest du für einen Anderen etwas Neues beginnen? Bestimmt nicht. Also musst du es selbst tun. Du brauchst keine Angst zu haben.

Die Anderen hatten auch keine Angst. Alles was du tun musst ist dich auf dein Ziel zu konzentrieren. Und du musst dich gut dabei fühlen. Denn Ängste zu versagen oder Zweifel an dem was du tust werden dein Vorhaben zunichte machen. Höre nicht auf Andere die dir erzählen dass es nicht funktioniert oder dass du es nicht kannst. Wenn du in deinem Inneren spürst das du es kannst und wenn du ein gutes Gefühl dabei hast dann tue es.

Denn was wird passieren wenn du nicht beginnst dich auf dein Ziel zu konzentrieren.

Du wirst wieder wie jeden Tag zur Arbeit gehen und vielleicht siehst du nicht wirklich einen Sinn darin. Du gehst eigentlich zur Arbeit nur des Geldes wegen. Das machen die meisten Menschen so. Tag für Tag, Monat für Monat und Jahr für Jahr, immer der gleiche Trott, immer wieder die gleiche Arbeit, immer wieder der gleiche Ablauf. Bis sie schließlich eines Tages in den Ruhestand gehen. Und dann? Ist dass das Leben welches du dir gewünscht hast?

Du kannst dein Leben selbst gestallten und das kannst du nur wenn du genau weißt was du willst. Denn wie willst du jemals was erreichen wenn du überhaupt nicht weißt was?

Du musst es machen wie unsere Vorfahren die als Jäger und Sammler durch die Welt zogen und jeden Tag von einem Ziel getrieben wurden, nämlich etwas Essbares aufzutreiben. Stell dir vor die Menschen in der Steinzeit hätten sich hingesetzt und gesagt: Heute hab ich keine Lust zum Jagen ich geh morgen wieder. Die Menschheit wäre ausgestorben. Du musst jeden Tag einen neuen, einen weiteren Schritt hin zu deinem Ziel machen. Wie einst unsere Vorfahren. Und denke nicht an den Weg dahin. Solche Gedanken hatten unsere Vorfahren auch nicht. Der Weg zu deinem Ziel ergibt sich von selbst. Nur dann kommst du weiter. So musst nicht über spezielle Fähigkeiten oder eine Ausbildung verfügen. Du musst nicht gut sein um anzufangen. Du musst aber anfangen um gut zu werden.

Wenn du nun weißt was du willst, wenn du nun ein Ziel hast, dann behalte dein Ziel mit der Absicht das du es willst und mit dem Glauben das du es erreichen kannst in deinem Bewusstsein.
Du musst daran glauben dass es funktioniert und dass du es schaffst. Und wenn du einmal ein Ziel erreicht hast und du das Vertrauen hast das du etwas erreichen kannst, wirst du immer größere Ziele erreichen können und auch wollen. Du musst daran glauben. Du musst an dich glauben und an deine

Fähigkeiten. Es ist dein Glaube oder dein Vertrauen in dich. Vertraue dir selbst. Vertraue deinen Fähigkeiten. Denn was der eine Mensch kann das kann der andere auch. Wenn du so denkst dann hast du Selbstvertrauen. Du musst einfach nur handeln. Du musst ein Ziel haben. Und das soll hier immer wieder betont werden. Und das musst du auch tun. Du musst dir immer wieder klarmachen dass du ein Ziel hast und dich bei diesem Gedanken wohl fühlen. Fühle dich so als ob du das Ziel bereits erreicht hast. Es kann überhaupt nicht sein dass du dein Ziel nicht erreichst.

Denn alles was wir denken versucht unser Unterbewusstsein zu realisieren. Dabei spielt es keine Rolle ob wir gutes oder böses denken. Unser Unterbewusstsein ist ständig am Arbeiten und versucht ständig unsere Gedanken zu verwirklichen. Und darum begegnen den meisten Menschen nur die Dinge die sie nicht wollen, weil sie nur an Dinge denken die sie nicht wollen.

Das beginnt morgens schon beim Aufstehen und draußen regnet es. Was sagen die meisten! Scheiß Wetter. Warum? Weil Sie das schlechte Wetter nicht wollen. Ihr erster Gedanke richtet sich an eine Sache die sie nicht haben wollen. Sage dieses Wort nicht. Sage niemals das Wort Scheiße.

Denn dieses Wort hat was negatives, was Ablehnendes, was Abweisendes. Dieses Wort wird dich in eine schlechte Stimmung versetzen oder dich möglicherweise zornig machen. Also lass es einfach sein. Am Wetter kannst du ohnehin nichts ändern. Warum sich darüber aufregen und noch Energie dafür verschwenden.

Nehme die Dinge die du nicht ändern kannst einfach wahr und kümmere dich dann nicht mehr darum. Richte deine Aufmerksamkeit auf die Dinge die du willst und denke nicht an die Dinge die du nicht willst. Und sei dankbar für alles was du bereits hast.

Wenn du nicht dankbar bist für das was du bereits hast, wird es dir sehr schwer fallen, vielleicht unmöglich sein mehr zu erreichen.

Du wirst dich in eine gute Stimmung bringen wenn du dankbar bist für die Dinge die du bereits erreicht hast weil du so auf dein vergangenes Leben zurück blickst, auf das Erreichte. Dann ist der Horizont der Zukunft in entgegen gesetzter Richtung wo deine Ziele liegen nicht mehr so weit. Denn wenn man die Dinge nicht schätzt die man bereits hat, beginnt der Gedanke immer wieder von neuem, bei Null und der Horizont der Zukunft rückt immer wieder in die Ferne.

Und wenn du nicht weißt für was du dankbar sein kannst, dann nimm dir wieder ein Blatt Papier und schreibe alles auf was du bereits hast und wofür du dankbar sein kannst. So verlagerst du deine Energie von den Dingen die du nicht willst und nicht hast zu den Dingen die du bereits hast und bringst dich so weg von deinen negativen Gedanken.

Dir ist bestimmt auch schon aufgefallen über was die meisten Menschen reden? Sie reden nur über die Dinge die sie nicht wollen und die sie nicht haben und wundern sich dann wenn ihnen die Dinge die sie nicht wollen und nicht haben immer wieder begegnen. Denn was du denkst das kommt, ob du es nun willst oder nicht.

Denn Denken ist Energie und darum achte auf deine Gedanken, denn sie werden Worte.

Achte auf deine Worte, denn sie werden Handlungen.

Achte auf deine Handlungen, denn sie werden Gewohnheit.

Achte auf deine Gewohnheiten, denn sie werden dein Charakter.

Und dein Charakter ist letztendlich dein Ich.

Achte also auf das was du denkst. Habe keine Vorurteile gegenüber anderen Menschen. Dann werden sie keine Vorurteile gegen dich haben. Rede nicht schlecht über andere Menschen, denn dann werden sie nicht schlecht über dich reden. Alles was du denkst, was du an Gedanken aussendest, wird zu dir zurückkommen. Das ist das Gesetz der Resonanz.

Du kennst das Gesetz der Resonanz oder das Gesetz der Anziehung auch. Im Volksmund heißt es: „Wie man in den Wald hinein ruft, so schallt es heraus" oder „Gleich und Gleich gesellt sich gern" sogar in der Bibel wird es schon beschrieben „Was der Mensch sät, das wird er ernten."

Das bedeutet, wir erleben genau das, was wir durch unsere Gedanken, aussenden oder ausstrahlen, denn gleiche Gedanken ziehen sich an. Unsere Gedanken sind Energie mit einer bestimmten Schwingungsqualität und ziehen gleichgerichtete Schwingungen als Realität in unser Leben. Das hat uns auch die Quantenphysik gelehrt.

Sind wir ängstlich und negativ, ist auch unsere Energie ängstlich und negativ. Wir ziehen so zwangsläufig gleich gelagerte Schwingungen und damit Ereignisse an und erhalten auf diese Weise natürlich die Bestätigung, dass unsere Ängste und Sorgen begründet sind.
Wenn wir immer nur Probleme in unserem Blickfeld haben, werden die Probleme immer größer. Denn,

worauf wir unsere Aufmerksamkeit und unsere Gedanken richten, das bekommt Energie und es tritt in
unser Leben.

Haben wir im Gegensatz dazu Freude am Leben,
denken positiv und sind dankbar für all das was wir
haben und verfolgen unsere Ziele, dann werden wir
genau das in unser Leben ziehen und unsere Ziele
erreichen. Denn der einzige Weg mehr in unser Leben zu bringen ist dankbar zu sein für die Dinge die
wir bereits haben.

Das Gesetz der Resonanz besagt, dass man in seinem Leben nur das vor findet, wofür man in sich
selbst eine Resonanz, bzw. eine Entsprechung besitzt. Die Umwelt ist sozusagen ein Spiegel. Sie
zeigt uns immer nur uns selbst.
Sei also ein Hüter deiner eigenen Gedanken. Nur du
kannst bestimmen was du denkst. Du bist der Herr
deiner Gedanken. Und so bist du der alleinige
Schöpfer deines Ichs. Niemand anders.

Dass, was wir ständig denken und wiederholen und
uns immer und immer wieder vorsagen wird nach
und nach in unserem Unterbewusstsein ein Automa-
tismus. Es wird zu einem Programm. Wie die Sprache, die wir im Kindesalter gelernt haben. Oder das

Fahrrad fahren. Wir mussten es nur einmal lernen, das Programm musste nur einmal geformt werden um es für immer im Unterbewusstsein zu haben. Es wurde da gespeichert um es bei Bedarf abrufen zu können. Jeder kennt dieses Phänomen. Du setzt dich aufs Fahrrad und fährst los ohne darüber nachzudenken wie es funktioniert. Das Programm „Fahrrad fahren" wird automatisch im Hintergrund abgespult. Wie heißt es im Volksmund: „Es geht dir in Fleisch und Blut über" was nichts anderes bedeutet: Du hast deinem Unterbewusstsein ein Programm aufgeprägt.

Nun lernst du verstehen was du tun musst um deinem Leben eine neue Richtung zu geben, und um das zu erreichen was du willst. Du musst dich programmieren oder konditionieren oder einfach ausgedrückt du musst es üben. Tag für Tag für Tag. Die ständigen Wiederholungen bringen den Erfolg.

Ist es nicht erstaunlich dass wir dieses Phänomen auch täglich erleben. Denke nur an all die Unternehmen die uns mit ihrer Werbung voll lullen. Jeden Tag prügelt sie uns die gleichen Sprüche ein. Jeden Tag begegnet uns irgendwo dieselbe Werbung immer und immer wieder.

Die wollen uns auf ihre Produkte programmieren. Die Werbung möchte in unserem Unterbewusstsein einen Kauf-Automatismus programmieren. Sie bereiten uns so für den einen Moment vor wenn wir vor den Regalen im Supermarkt stehen und ohne nachzudenken ihre Waren in den Einkaufswagen legen. Die haben das Prinzip der Konditionierung längst verstanden. Und so funktioniert das auch bei dir.

Unser Leben, unser tägliches Tun und Handeln wird ohnehin zu mehr als 90 % von unserem Unterbewusstsein gesteuert. Mit unserem bewussten Verstand wären wir nicht in der Lage all die Bewegungen und Abläufe unseres Körpers zu kontrollieren. Wir wären völlig überfordert. Das Unterbewusstsein nimmt uns auch alle Entscheidungen die wir täglich treffen müssen ab. Bereits Millisekunden bevor wir etwas bewusst entscheiden hat unser Unterbewusstsein bereits entschieden. Bewusst haben wir nichts zu melden. Wir sind so zu sagen Marionetten unseres Unterbewusstseins. Der bewusste Verstand hat darum wenig Einfluss auf das was wir sind und was wir tun. Denn unser Gehirn ändert sich mit jeder neuen Erfahrung. Das können wir uns zu nutze machen indem wir unseren Willen gebrauchen und an die Dinge denken die uns von Nutzen sind. Dann ändert sich unser Gehirn mit jeder neuen Erfahrung in die gewünschte Richtung.

Denke einfach nur an die Dinge die du willst und nicht an die Dinge die du nicht willst. Mache nur die

Dinge die dir Freude bereiten und nicht die Dinge die dir widerstreben. Sei freundlich zu deiner Umwelt dann wird sie freundlich zu dir sein. Denn deine Umwelt ist ein freundlicher Ort sowie unser Planet ein freundlicher Ort ist. Demnach muss das Universum ebenfalls ein freundlicher Ort sein.

Das Universum gibt uns alles was wir zum Leben brauchen. Warum also sollte das Universum unfreundlich sein?

Wer bist du?

Wenn du dir nun die Frage stellst wer du bist, brauchst du nichts weiter zu tun als in die Vergangenheit zu schauen. Du bist das Überbleibsel dessen was du in der Vergangenheit gedacht hast. Im buddhistischen Glauben sind diese Erkenntnis bereits mit aufgenommen. Wenn du kein Geld hast oder wenn deine Lebensumstände nicht die sind die du dir wünschst, dann ist das ein Resultat deiner früheren Lebens, deiner Gedanken. Wenn du also in den Spiegel schaust und dich fragst wer du bist dann siehst du den Menschen der du warst und nicht wer du bist. Wenn du nicht zufrieden bist mit dem was du hast oder kannst, wenn du mehr Leben möchtest, dann musst du jetzt den Grundstein dafür legen. Du musst jetzt die Veränderung verursachen. Wenn du nicht daran denkst etwas zu ändern, wirst du in der Zukunft keine Resultate haben. Das Gesetz von Ursache und Wirkung ist definitiv. Es ist immer und überall gültig. Wenn du was erreichen willst, wenn du was verändern willst musst du jetzt geistig Ursache setzen. Du musst jetzt dein Denken ändern. Nur dann kannst du in der Zukunft eine Wirkung haben. Die erzielten Ergebnisse bewegen sich analog ja in Übereinstimmung mit deinen Gedanken. Du musst ein ganz klares Bild von den Dingen haben die du willst.

Je deutlicher du dir dein Ziel vorstellen kannst, je genauer du in deinen Gedanken ein Bild von deinem Ziel machen kannst desto schneller kannst du es erreichen. Einstein sagt: Die Imagination, also die Vorstellungskraft ist wie ein Fenster in die Zukunft.

Wenn du jetzt mit deinem Leben nicht zufrieden bist, wenn dir was Schlimmes widerfahren ist, dann solltest du dich fragen: Warum ist mir das passiert? Welche Ursache ging diesem oder jenem Ereignis voraus. Und zeige nicht mit dem Finger auf andere. Zeige mit dem Finger zuerst auf dich. Kein anderer kann für dich denken und kein anderer ist für dein Denken verantwortlich. Also musst du dich fragen: Warum ist mir das passiert? So kannst du die Ursache erforschen und Vorkehrungen für dein weiteres Leben treffen.

Wenn du nun in einer Krise steckst, wenn du dich nicht gut fühlst oder von Energielosigkeit geplagt wirst, wenn du überfordert bist und dir der Antrieb fehlt, dann stecke nicht den Kopf in den Sand. Es gibt immer einen Weg der dich aus deiner Krise führt. Selbst wenn du dich bereits in einer Depression befindest ist das kein Grund alles hinzuwerfen. Denn eine Krise bietet auch immer Möglichkeiten für was Neues. Die Chinesen sagen: Krise und Chance ist das gleiche Zeichen. Im Problem steckt die Lösung immer schon drin. Wenn sich eine Türe schließt öffnet sich woanders eine Neue.

Du musst verstehen lernen dass dein Denken alleine deinen momentanen Zustand verursachte. Wenn du alle Schritte sorgfältig zurückgehst, wirst du bald an den Punkt gelangen an dem deine Miesere ihren Anfang nahm. Aber das brauchst du nicht. Setze dir ein Ziel und vertraue darauf dass du es erreichen kannst.

Wie funktioniert denken?

Wenn du dich nun fragst wie Denken funktioniert, musst du in die Welt der Atome abtauchen. Ein Atom ist der kleinste Baustein aller sichtbaren Materie. Es gibt natürlich noch kleinere, aber wir beschränken uns auf das Atom. Die Pflanzen, die Tiere und wir auch bestehen alle aus dem gleichen Material aus dem gleichen Stoff. Diese Bausteine gibt es aber nicht nur auf unserer Erde sondern im ganzen Universum. Deswegen ist es sehr wahrscheinlich dass es außerhalb der Erde auch Leben gibt.

Die Atome bildeten auf unserer Erde unter dem Einfluss der natürlichen Kräfte Moleküle, die Moleküle wurden zu Zellen und die ersten Einzeller im Laufe der Evolution zu komplexen Lebensformen. So bahnte sich das Leben seinen Weg. Und es erfand sich ständig neu, es passte sich den wechselnden Bedingungen immer wieder an. Es entstanden immer neue Lebensformen und die eroberten immer neue Lebensräume.
Wir Menschen sind die höchste Stufe der Evolution und der einzige Unterschied zwischen uns und den anderen Lebewesen ist die Fähigkeit angeeignetes Wissen mit Hilfe einer komplexen Sprache weiter-

zugeben. Wir können uns verständigen indem wir die Worte sprechen und schreiben.

Bevor wir aber die Worte sprechen denken wir sie. Wir formen die Mitteilung zunächst mit unseren Gedanken bevor wir sie mit Sprache und so mit Schallwellen weiter geben. Denken ist also eine Form von Energie die durch unseren Willen in Bewegung gesetzt wird. Diese Form von Energie, die Gehirnströme, kann man sogar messen.

Wenn du nun denkst setzt du Energie in Bewegung die deinem Körper in Form von Nahrung immer wieder zugeführt werden muss.

Denkst du nun ständig an die Dinge die du nicht willst oder grübelst immer und immer wieder über vergangenes Unglück nach oder denkst an schlimme Ereignisse, dann verbrauchst du deine Energie für diese Gedanken und hast so keine oder wenig für die Gedanken an deine Ziele und Wünsche. Du musst also zunächst genau wissen was du willst. Nur so kannst du deine Gedanken deine Energie auf die Dinge lenken die du wünschst. An was willst du denken wenn du keine Ziele hast?

Es ist ein Naturgesetz das wenn an einer Stelle Energie weggenommen oder umgewandelt wird, sie an anderer Stelle fehlt. In der Natur versuchen sich alle Kräfte auszugleichen. Energie kann man weder erzeugen noch kann man sie vernichten. Energie können wir nur umwandeln, mehr nicht. Energie ist immer und überall und wir leben alle unter dem Einfluss und mit der natürlichen Energie oder der natürlichen Kräften.

Du musst die Energie deiner Gedanken auf die Dinge lenken die du dir wünschst, auf deine Ziele. Das ist alles was du tun musst. Mehr tun die erfolgreichen Menschen auch nicht. Nur haben sich erfolgreiche Menschen bestimmte Gewohnheiten angeeignet die sie in ihren Tagesablauf einbringen. Sie planen ihren Tag ganz genau, Stunde für Stunde und Minute für Minute. So verringern sie die Gelegenheiten an die Dinge zu denken die sie nicht wollen. Und indem sie sich jeden Tag ein Ziel setzen und darauf hin arbeiten, indem sie an ihr Ziel denken, verschwenden sie keine Energie für Dinge die sie nicht wollen und sowieso nicht ändern können. Sie denken nicht über vergangenes Unglück nach, denn das ist vorbei daran kann man sowieso nichts mehr ändern. Sie denken nicht über ihre Vergangenheit nach oder an Fehler in der Vergangenheit. Sie lernen aus den Fehlern und fragen sich: Warum ist mir das passiert? Denn wo eine Wirkung ist hat auch jemand was verursacht. Wenn du die Ursache kennst, wenn du nun weißt was in der Vergangenheit schief gelaufen ist, kannst du Vorkehrungen für die Zukunft treffen. Aber grübele nicht über deine Fehler nach. Du musst deine Fehler erkennen und annehmen und deine Gedanken auf deine Ziele ausrichten. Nur so kannst du deine Zukunft gestalten. Denn die ständigen Bilder und Gedanken an deine Vergangenheit zerstören deine Zukunft. Denke jetzt und handle jetzt. Es gibt keine bessere Zeit als jetzt, als die Gegenwart. Lass die Vergangenheit in Ruhe denn daran kannst du nichts mehr ändern. In der Zukunft kannst du auch nicht handeln, denn da bist du noch nicht. Wann willst du also handeln? Wann willst du was tun? Du musst jetzt handeln, du musst dich jetzt einsetzen für deine Ziele. Du musst in der Gegenwart deine Zukunft verursachen. Setze also jetzt geistig Ursache damit du die gewünschte Wirkung in der Zukunft haben kannst. Wirkung ist die Wirklichkeit. Wenn du also in Zukunft eine andere Wirklichkeit haben möchtest dann musst du sie heute verursachen. Und das kannst nur du. Niemand anders kann für dich denken. Niemand anders kann für dich fühlen. Niemand anders kann für dich handeln. Wenn du es nicht tust dann tut es keiner. Andere werden nicht für dich denken und handeln. Es ist deine Aufgabe für dich heute zu denken. Weil die anderen Menschen ihre Energie für sich selbst brauchen, genau wie du. Sie können dir nichts von ihrer

Gedankenenergie geben, genau wie du. Sie können auch heute für dich nicht handeln, genau wie du das für andere auch nicht kannst.

Erkennst du nun dass nur du für dein Schicksal verantwortlich sein kannst.

Was sagt uns der Volksmund:

So wie man sich bettet so liegt man. Oder: Jeder ist seines Schicksals Schmied.

Die Erkenntnisse die man damals schon hatte sind auch heute noch gültig und sie werden auch in Zukunft Gültigkeit haben. Denn alle Naturgesetze waren damals gültig, sind es heute und werden es auch in Zukunft sein. Die Kräfte der Natur sind immer gleich und immer konstant. Darum brauchst du keine Angst zu haben dass du etwas nicht kannst oder das etwas nicht funktioniert.

Man braucht im Leben nichts zufürchten, man muss es nur verstehen sagte Marie Curie.

Wenn du denkst dass du etwas kannst, dann kannst du es auch. Wenn du denkst dass du etwas nicht kannst, dann wirst du es nicht zustande bringen. Denn dein Unterbewusstsein wird alles versuchen an das was du denkst in die Realität umzusetzen. Es ist ständig am arbeiten und möchte alles was du denkst schnellstens verwirklichen. Deshalb musst genau aufpassen an was du denkst.

Ein bedeutender amerikanischer Autohersteller sagte hierzu:

Ob du denkst dass du kannst oder ob du denkst dass du nicht kannst, es ist beides richtig.

Jeder Mensch hat mit dem was er denkt immer recht. Wenn du denkst dass etwas nicht geht, dann geht es für dich nicht. Für andere schon. Wenn du denkst dass etwas geht dann geht es auch für dich.

Verwende also deine Energie für deine Gedanken damit du deine Ziele erreichst und dein Leben das du dir wünschst leben kannst. Energie fließt dahin, wohin du deine Aufmerksamkeit gerichtet ist. Halte deine Augen auf. Sei neugierig auf alles was du siehst. Lehne nicht Neues ab sondern mache dich mit Neuem vertraut. Denn Neugierde führt zu Interesse. Interesse zu Aufmerksamkeit. Aufmerksamkeit führt zu Konzentration und Konzentration veranlasst dich zum Handeln und führt dich so dahin wo du hin willst.

Dein Bewusstsein

Bewusstsein kann man bisher nicht eindeutig erklären. Man nimmt aber inzwischen an, dass Bewusstsein auch unabhängig vom Körper erlebt werden kann. Man schließt das aus den Nahtod-Erfahrungen.

Unser Bewusstsein und die Gehirnaktivitäten sind so eng miteinander verflochten, dass die Grenzen zwischen Ursache und Wirkung schnell verwischen können. Das eine Beziehung zwischen Bewusstsein und Gehirn besteht ist aber unumstritten. Wobei ich gerne den Begriff „Bewusstsein" und ich nenne auch das „Unterbewusstsein" im Sinne von Wahrnehmungen verwenden möchte. Die Welt die wir erleben ist aber keineswegs das Ergebnis von dem was wir sehen und hören oder was wir wahrnehmen.

Die heutige Hirnforschung geht davon aus, dass in unserem Gehirn unser Bewusstsein entsteht. Wir können mit unserem Willen Bilder erzeugen, im bewussten aber auch im unbewussten Zustand wie im Schlaf, an die wir uns morgens nach dem Aufstehen erinnern können. Wir wissen nicht wie aus den elektrischen Strömen in unserem Körper all das entsteht was wir wahrnehmen. Was sind Geräusche oder Gerüche. Was ist das was wir sehen. Photonen werden von einem Gegenstand reflektiert und auf unsere Netzhaut geworfen. Diese Photonen erzeugen einen elektrischen Impuls der in unserem Gehirn ein Bild entstehen lässt. Oder doch nicht?

Schauen wir uns einen Baum an. Wir sehen diesen Baum weil wir wissen dass es ein Baum ist. Warum wissen wir dass es ein Baum ist? Wir haben es irgendwann gelernt. Das bedeutet doch, dass das Bild des Baumes bereits in unserem Gehirn vorhanden sein muss, sonst könnten wir den Baum nicht als solchen erkennen. Dies wiederum bedeutet, der Vorgang des Sehens ist ein Abgleichen eines Bildes mit einem bereits gespeichertem in unserem Gehirn. Abgleichen ist gleichzusetzen mit vergleichen oder messen. Mit jedem Blick vergleicht oder misst unser Gehirn das Gesehene mit dem Gespeicherten. Sehen wir hingegen etwas wofür wir kein abgespeichertes Bild im Kopf haben, ist es uns fremd und wir müssen es zuerst verstehen lernen. Diese hinzu gewonnene Erfahrung ist ein kleiner Teil unseres Bewusstseins. Und alle diese Millionen Erfahrungen die wir in unserem Leben anhäufen bildet unser Bewusstsein. Wer in Isolation aufwächst hat kein Bewusstsein für seine Außenwelt. Wir vergleichen ständig das Gesehene mit der gespeicherten Erfahrung, was uns letztendlich Sicherheit in unserer Welt verschafft. Beim Hören oder Schmecken ist das genau so. Es ist ein ständiges Abgleichen mit dem gespeicherten Geräusch oder Geschmack. Die Daten die wir mit unseren Sinnen aufnehmen werden ständig mit den Daten in unserem Kopf abgeglichen. Findet sich ein Datensatz der dem Wahrgenommen entspricht, ist für uns die Welt in Ordnung, wenn nicht muss unser Gehirn diese Daten zuerst verarbeiten und eine Entsprechung dafür finden. Findet sich in unserem Speicher diese Entsprechung nicht, verunsichert uns das zutiefst. Um aber auf diesem Planeten überleben zu können brauchten wir Sicherheit. Darum ist das Abspeichern der Erfahrungen eine wesentliche Fähigkeit des Menschen die im Laufe der Evolution heranreifte.

Das Bewusstsein ist folglich ein Speicher aller Erfahrungen unseres vergangenen Lebens der täglich gefüllt wird mit den Eindrücken und Ereignissen die uns begegnen. Es ist eine Ereignisfolge wobei das nächste das vorangegangene ergänzt, nicht aufhebt sondern sich darüber legt und die dazugewonnenen Daten hinzufügt. Dadurch wissen wir was für uns gut ist und was nicht. Das ist einfach phänomenal. Mit unserem bewussten Verstand, mit unserem Willen können wir diesen Mechanismus steuern, indem wir uns ein Bild von dem machen was wir wollen. Deshalb können wir nur etwas erreichen wenn wir ein Bild von dem im Kopf haben was wir haben wollen. Wir brauchen nämlich das Bild zum Abgleichen.

Das Leben auf der Erde braucht das Geomagnet-
feld, es braucht die natürlichen Energien unter deren
Einfluss wir alle Leben. Im Weltall außerhalb der
Erdanziehung verkümmert der Mensch zu einem
schwachen und für Krankheiten anfälligen Organis-
mus. Das Immunsystem bildet sich in rascher Ge-
schwindigkeit zurück und der Mensch ist nicht mehr
lebensfähig. Viele Leute sind Wetterfühlig, was
nichts anderes bedeutet das sie bereits schon vorher
wissen das sich das Wetter ändern wird. Ihr Körper
sagt es ihnen. Kleinste Veränderungen der Schwingungen in der Atmosphäre nehmen sie bereits wahr.
Das hat natürlich Einfluss auf ihr und unser aller Befinden. Alle Kräfte der Natur beeinflussen unser Befinden. Und so werden wir von den Kräften der Natur geprägt. Abhängig davon in welcher Region wir
auf der Erde leben. Unsere Umwelt ist also auch für
unser Ich, für unser Bewusstsein verantwortlich.
Aber nicht nur die natürlichen Kräfte prägen unser
und dein Bewusstsein, auch die Gesellschaft in der
du dich bewegst ist für dein Bewusstsein verantwortlich. Deine Sprache, deine Kultur, deine Reli-
gion und die Natur in der du lebst machen dich zu
dem was du bist. Alle Sinnesreize und Eindrücke
die du wahrnimmst, die täglich auf dich einströ-
men erhöhen den Baum deiner Erfahrungen der
täglich weiter wächst. So gestaltest du selbst die

Erfahrungen die dein Bewusstsein prägen. Weil du selbst entscheidest in welcher Umwelt du lebst, bist du dein eigener Architekt. Du bist der Bauherr deines Ichs.

Wenn du dich nun verändern möchtest musst du dich frei machen von den gesellschaftlichen Glaubenssätzen und diesen eingeschliffenen Regeln und Sitten die dir in deiner Welt täglich begegnen. Die brauchst du nicht. Mach dich frei von den erlernten Mustern und selbst auferlegten Zwängen und Verboten. Die brauchst du auch nicht. Alles was du brauchst ist deine Fähigkeit zu denken. Damit kannst du alles erreichen was du willst.

Wenn du dich in deiner Umgebung in der du lebst nicht wohl fühlst dann kannst du dir eine andere suchen in der du dich wohl fühlst. Wenn dich dein Job den du gerade hast nicht ausfüllt, wenn er dir keinen Spaß macht dann such dir einen anderen. Es gibt immer andere Möglichkeiten, du musst es nur wollen. Lass die Dinge los die dich belasten, die dir keine Freude bereiten und strebe immer nach den Dingen die dir Freude machen. Stärke ist, die Dinge die du nicht willst und die dich belasten los zu lassen. Stärke liegt im Verzicht und nicht im Festhalten. Das Streben nach Glück ist ein Geburtsrecht eines jeden Menschen und das Erleben von Glück sollte Vorrang haben vor allen anderen Gefühlen.

Überflute dich nicht mit Nachrichten aus den Medien. Nachrichten sind immer Informationen aus der Vergangenheit. Daran kannst du nichts mehr ändern. Es macht keinen Sinn darüber nachzudenken oder sich darüber aufzuregen. Nimm das Geschehene wahr und kümmere dich um deine Ziele. Kümmere dich um das was du willst, was dir Freude macht.

Denke nicht an die Dinge die du nicht willst sondern denke immer nur an die Dinge die du willst. Und mach dir klar was du willst. Du musst genau wissen was du willst. Wie willst du jemals etwas erreichen wenn du nicht weißt was. Du musst ein Ziel haben, ein klar definiertes Ziel. So kannst du täglich an deinem Bewusstsein bauen. Und so wird das was du täglich wahrnimmst auch deine tägliche Aufgabe.

Bewusstsein ist ein lebendiger, lebenslanger Lernprozess. Dein Unterbewusstsein ist ständig am Arbeiten und versucht das was du denkst in die Realität um zusetzen. Diesen Prozess kannst du nicht stoppen oder ausschalten. Er ist immer aktiv. Dein Unterbewusstsein ist immer online. Daher werden alle Gedanken die du denkst dein Bewusstsein prägen. Ob du das nun willst oder nicht. Es ist einfach so. Deswegen ist es von enormer Wichtigkeit das du genau weißt was du willst und nur an die Dinge denkst die du wirklich willst. Weil du das wirst an was du denkst. Deine Umwelt ist also ein

Spiegel deines Ichs. Jeder Mensch baut sich selbst sein Ich sein eigenes Universum sagte Winston Churchill.

Um weiter zu kommen musst du deine nützlichen von den unnötigen Gedanken trennen. Du musst die schlechten filtern und aussortieren. Mentaltrainer nennen das Gedankenhygiene. Erfolgreiche Sportler kommen ohne Mentaltrainer nicht mehr zurecht. Sie begleiten sie bei den Anforderungen die ihr Sport an sie stellt und geben ihnen Hilfe damit sie an das denken was sie wollen, nämlich erfolgreich zu werden in ihrem Sport. Sie haben ein klar definiertes Ziel das sie erreichen wollen. Sie haben ein klares Bild von dem was sie wollen. Ihr Mentaltrainer hilft ihnen dieses Bild im Geiste aufrecht zu erhalten. Somit prägen sie ihr Bewusstsein auf ihr Ziel, auf das was sie wollen.

Und genau das kannst du auch. Denke immer nur an das was du willst, denke immer nur an deine Ziele und präge so dein Unterbewusstsein. Du musst es immer und immer wieder tun. Je öfter du an deine Wünsche denkst und an das was du willst desto stärker wird dein Verlangen werden nach dem was du willst. Denke an die Werbung die täglich auf uns einprasselt. Sie arbeitet nach dem gleichen Prinzip. Sie möchten uns auf ihre Produkte prägen indem sie uns immer und immer wieder damit überfluten. Ist es nicht erschreckend wie wir so alle gelenkt und manipuliert werden!

Nun hast du ein Werkzeug das dich befähigt dich selbst dahin zu bringen wo du hin willst. Konzentriere dich auf deine Ziele und Wünsche und mache das zu deinem Prinzip. Denke einfach nur an das was du willst und nicht an das was du nicht willst. Sei freundlich und nett zu anderen Menschen dann werden sie auch freundlich und nett zu dir sein. Setz dich einfach mal hin und lächele einige Minuten und freue dich über die Dinge die du hast und sei dankbar für all die Dinge die du bereits hast. Das Leben ist so einfach. Sei dankbar dass du es hast.

Darum brauchst du auch nicht an dir zu zweifeln. Denn dein Ich gehört nur dir und Zweifel daran sind unnötig. Nur du kannst entscheiden was du denkst und was dein Ich letztendlich ausmacht. Kein anderer kann für dich denken und fühlen. Darum bist du, solange du denken kannst.

Der Philosoph Rene Descartes beschrieb das bereits sehr treffend 1641 in seinem Werk „Meditationes de prima philosophia" Er sagte: Ich denke, also bin ich.

Du hast auch ein Bewusstsein also bist du auch.

Später begründete Rene Descartes diesen entscheidenden Satz wie folgt:

Da es ja immer noch ich bin, der zweifelt, kann ich an diesem Ich, selbst wenn es träumt oder phantasiert, selber nicht mehr zweifeln.

Denke über diese Worte nach und du wirst erkennen das Zweifel an deinem Ich absolut unbegründet sind.

Im Teil zwei seines Werkes ergänzte er diesen Satz erneut.

„Nun, wenn er mich auch täuscht, so ist es also unzweifelhaft, dass ich bin. Er täusche mich, so viel er kann, niemals wird er jedoch fertig bringen, dass ich nichts bin, so lange ich denke, dass ich etwas sei. Und so komme ich, nachdem ich nun alles mehr als genug hin und her erwogen habe, schließlich zu der Feststellung, dass dieser Satz: „Ich bin, ich existiere", so oft ich ihn ausspreche oder in Gedanken fasse, notwendig wahr ist."

Bemerkenswert ist hier die Feststellung dass Rene Descartes in einer zweiten Person spricht. Das ist auch so. Die Menschen besitzen die Fähigkeit über Ihre Gedanken nachzudenken. So entsteht der Eindruck dass wir uns selbst von außen sehen. Dieses Phänomen können wir uns zu nutze machen. Wir können die zweite virtuelle Person heranziehen um die erste physische zu beobachten, ja zu kontrollieren. Die virtuelle zweite Person ist dazu aber erst in der Lage wenn der Ersten die Existenz der Zweiten bewusst ist. Beginne damit deine Gedanken zu kontrollieren indem du konzentriert an das denkst was du willst. So wird dir dein Ich nach und nach bewusst werden, während du mehr und mehr Kontrolle über dich selbst gewinnst. Wenn du diese Ebene erreicht hast, bist du bereits ein erschaffender Mensch der erreichen kann was er will. Um zu erreichen was du willst musst du aber zunächst wissen was du willst.

Was Rene Descartes damit sagen möchte ist, dass dein Ich selbst keine Zweifel an sich haben kann so lange du denkst dass du bist.

Deshalb gibt es keinen erkennbaren Grund an seinem eigenen Ich Zweifel zu haben. Jeder kann alles ereichen. Was der eine kann, kann der andere auch. Auch du kannst sein was immer du sein möchtest. Es gibt keine Beschränkungen oder Grenzen weil wir alle aus der gleichen Substanz sind.

Und lass dir von anderen nicht einreden das du etwas nicht kannst, etwas nicht brauchst oder etwas nicht gut für dich ist. Du kannst selbst entscheiden was gut für dich ist. Du kannst selbst entscheiden was du willst. Habe Vertrauen in deine Stärken, glaube an deine Fähigkeiten und mache den ersten Schritt hin zu deinem Ziel. Du wirst es erreichen.

Andere erreichen ihre Ziele auch. Also wirst du es ebenso schaffen. Werfe alle Zweifel
über Bord. Du brauchst nicht an dir zu zweifeln. Du brauchst nicht an deinem Ich zu zweifeln. Denn dein Ich ist wie bei allen Menschen immer vollkommen. Dein Ich kann keinen Fehler haben oder begrenzt sein. Das wirkliche Ich, dein Bewusstsein ist aus dem gleichen Stoff aus dem alles gemacht ist. Und in der Natur gibt es keinen Mangel an Substanz. Es gibt keinen Mangel an Energie. Energie wechselt lediglich die Form. Darum kann dein Ich niemals weniger sein als vollkommen. Es kann niemals weniger wert sein als ein anderes Ich. Es ist aus der gleichen Energie wie alles andere. Du bist genau so viel Wert wie jeder andere auch. Weil du aus dem gleichen Stoff bist wie jeder andere. Der Unterschied liegt lediglich in der Entwicklung deines Ichs. Denke darüber nach und mache dir bewusst dass dies Wahr ist.

Mit wie vielen unnötigen Gedanken hast du dein Ich schon belastet? Und wie viele Möglichkeiten reale Gedanken zu hegen gingen dir dadurch verloren?
Beginne jetzt damit reale Gedanken zu hegen. Es gibt keine bessere Zeit als jetzt. Konzentriere dich jetzt auf deine Ziele und habe Vertrauen in deine Fähigkeiten.

Es wird dir allerdings nichts nützen wenn du dich nur einmal konzentrierst und danach hoffst dass etwas geschieht. Du musst es immer und immer wieder tun mit dem Vertrauen dein Ziel zu erreichen und mit dem Gefühl dass du es bereits erreicht hast.

Denke nur zurück als du gelernt hast Fahrrad zu fahren. Beim ersten Mal hast du noch Hilfe gebraucht. Beim zweiten oder dritten Versuch vielleicht auch. Als du es dann alleine versucht hast bist du bestimmt hingefallen. Aber du hast nicht aufgegeben und hast es wieder und wieder versucht. Und irgendwann bist du alleine gefahren, zwar noch etwas wackelig aber es ging dann schon ganz gut. Und einige Tage später bist du ohne nachzudenken aufs Fahrrad und davon gefahren. Du hast es dir angeeignet weil du es wolltest. Dein Wille hat dich dahin geführt. Du hast deinem Unterbewusstsein ein Programm aufgeprägt. Das Programm „Fahrrad fahren". Dein Wunsch Fahrrad fahren zu können, dein Begehren danach und deine Vorstellungskraft auf dem Fahrrad über die Straßen zu gleiten und dabei das Gefühl von Freiheit zu erleben haben dich zum Ziel geführt.

Nun weißt du was du tun musst um im Leben weiter zu kommen. Du musst ein Ziel haben und ein starkes Begehren danach entwickeln und die Freude dabei empfinden wenn du dieses Ziel erreicht hast.

Alles was Menschen je erreicht haben, ist entstanden in der Anwendung dieses Prinzips. Das Begehren nach einer Sache und die Konzentration auf die Sache ist der Treibstoff für deine Entwicklung, für die Erschaffung deines Bewusstseins, deines Ichs.

Kontinuität und Beharrlichkeit sind hierfür essenziell. Du wirst nicht einen Schritt weiter kommen wenn du nicht wieder aufstehst wenn du hinfällst. Mach einfach weiter und habe Vertrauen dass du es schaffen wirst. Denke einfach nur ans Fahrrad fahren. Denke nur an das Ziel. Deine Ergebnisse resultieren in Übereinstimmung mit deinem Begehren und deinem Vertrauen. Konzentriere dich immer auf das Ergebnis. Du hast ans Fahrrad fahren gedacht und deine Gedanken dahin gelenkt. Du wolltest es unbedingt lernen und konntest an nichts anderes denken. Das ist Konzentration auf das was du dir wünschst, auf deine Ziele. Und du hast nicht aufgegeben bist du es ohne nachzudenken konntest. Das ist Beharrlichkeit. Das ist Kontinuität. Das ist der Fluss des Lebens. Das ist Evolution. Alles was du bisher gelernt hast beruht auf diesem Prinzip. Es ist jedem lebenden Ding inne.

Der Samen einer Tanne beginnt nicht im Boden zu keimen um nur ein Meter hohes Bäumchen zu werden. Der Samen keimt um eine große Tanne daraus zu machen. Das Leben will immer das höchst Mögliche. Das Leben will immer weiter. Deshalb verändert sich unsere Umwelt ständig. Die Welt ist in einem ständigen Wandel. Es gibt zu keiner Zeit einen Stillstand. Wenn du dich nicht weiter entwickelst, wenn du kein Begehren hast nach mehr Leben, wenn du stehen bleibst, wird dich deine Umwelt überholen und sehr bald wirst du feststellen dass du abgehängt wurdest. Das Leben hat dich überholt. Schau dich nur um. Schau dir die Menschen in deiner Umgebung an. Du wirst bald sehen dass es viele dieser Leute gibt. Weil die meisten Leute nur das tun was ihnen andere sagen. Diese Leute leben nicht sie werden gelebt. Statt sich auf ihre eigenen Fähigkeiten zu besinnen, vertrauen sie den Urteilen und Meinungen Anderer. Welch eine Verschwendung von Potenzial.

Stell dir vor, dein Vater oder deine Mutter oder eine andere Person deiner Umwelt hätten dir gesagt dass du nicht Fahrrad fahren lernen kannst weil du nicht die Fähigkeit besitzt ein Fahrrad zu fahren und du hättest das geglaubt. Du hättest es nie gelernt. Du hättest dem Urteil deiner Eltern geglaubt und es nicht versucht. Du wärst so ein Stück deiner Entwicklung beraubt worden. Wenn du nun wieder und wieder den Meinungen und Urteilen Anderer vertraust und das tust was dir andere sagen, dann wirst du nicht weiter kommen weil dir dann wieder Teile des Puzzels fehlen, weil dir dann wieder Teile des Gesamten fehlen. So wird der Mensch in Abhängigkeit gehalten. So ist der Mensch lenkbar. Denke an deine Kindheit zurück. Wie oft wurde dir gesagt dass etwas nicht gut für dich ist oder dass du etwas nicht brauchst oder kannst? Wie oft?

Mach dir bewusst dass du selbst ein denkendes Individuum bist und selbst entscheiden kannst was du willst und was für dich gut ist. Du brauchst die Meinungen der Anderen nicht. Gehe deinen eigenen Weg und verfolge deine Ziele und vertraue deinen Fähigkeiten und lasse dir niemals einreden dass du etwas nicht kannst oder etwas nicht brauchst.

Diejenigen die dir das einreden wollen sind selbst nicht fähig sich weiter zu entwickeln oder halten es nicht für nötig weiter zu kommen und möchten dich nur auf ihrer Ebene sehen damit sie sich in ihrem Denken bestätigt fühlen. Ihre Antriebskraft ist eine Art von Missgunst und Neid was leider das Denken der Menschheit infiziert hat und beherrscht. Du kannst aber Neid und Missgunst auch als ein Anerkennen deiner Leistung verstehen und somit als Zeichen dafür das du diesen Leuten überlegen bist, was in deiner Ausstrahlung und so in deinem Ich, in deinem Bewusstsein zu erkennen sein muss. Diese Überlegenheit ist wiederum der Anstoß für Neid und Missgunst was dich in deinem Bestreben nach deinen Zielen nur noch vorantreiben wird statt dich aufzuhalten. So erreichen die Leute die von Neid und Missgunst getrieben werden meistens das Gegenteil von dem was sie erreichen wollen. Sie werden abgehängt von denen die Ziele haben und strebsam sind. Sie werden

überholt. Und sie merken es nicht weil ihre Gedanken auf Neid und Missgunst gerichtet sind was sie letztendlich in ihrer Gesellschaft und in ihrem Dasein isoliert. Sie verstehen nicht die einfachen Prinzipien der Evolution. Sie bewegen sich nicht im Fluss des Lebens, sie bewegen sich gegen den Strom.

Du kennst sicher die Folgen solchen Denkens aus deiner Umwelt. Disharmonie, ständige Streitereien, rechthaberische Umgangsformen, geistiges verkümmern und letztendliche Isolierung. Sich nicht vorwärts bewegen endet im Stillstand und das bedeutet rückwärts zu gehen.

Evolution ist im ständigen Wandel und alle Dinge werden ständig neu erschaffen. Mit destruktivem Denken koppelst du dich ab von den erschaffenden Prozessen der Natur die ständig am arbeiten sind, ebenso wie dein Unterbewusstsein ständig am arbeiten ist und deine Gedanken realisieren möchte. Dein Ich wird geprägt von dem was du denkst und die

Evolution deines Unterbewusstseins erfolgt in exakter Übereinstimmung mit der Qualität deiner Gedanken die du täglich unterhältst.

Deswegen ist es von enormer Wichtigkeit dass du ein Ziel hast und alle kreative Energie deiner Gedanken auf dein Ziel lenkst, damit du die Gelegenheiten destruktive Gedanken zu unterhalten verringerst ja am Ende eliminierst. Wenn du kein Ziel hast schweifen deine Gedanken wirr durch die Gegend und am Ende des Tages hast du nichts erreicht weil du deine Gedankenenergie nicht für deine Ziele eingesetzt hast.

Du hast mit deinen Gedanken nichts verursacht und kannst darum auch keine Wirkung erwarten. Wenn du eine Wirkung haben möchtest musst du geistig Ursache setzen. So wie ich es bereits beschrieben habe. Fang damit an Ziele zu formulieren und beginne deine Gedanken auf deine Ziele auszurichten. Wenn du deinem Unterbewusstsein dieses Programm aufgeprägt hast, wird sich der Erfolg einstellen. Es geht gar nicht anders das du dein Ziel nicht erreichst. Du kannst darin nicht scheitern. Jeder Mensch der im Leben je etwas erreicht hat, hat es mit dieser Methode bewirkt.

Dies ist der einzige Weg in deinem Leben voran zu kommen. Nun starte, formuliere deine Ziele und mach den ersten Schritt.

Du und dein Körper

Um deinen Körper zu verstehen musst du zunächst wissen aus welchen Bausteinen er sich zusammensetzt. Dazu ist es auch notwendig in die Welt der Atome einzutauchen.

Die Substanzen aus der dein Körper besteht, kommen auch so alle in der Natur vor. Alle Elemente finden sich in der materiellen Welt. Und fast alle chemischen Elemente des Periodensystems stecken auch in dir. Dein Körper ist so ein Spiegel der materiellen Welt. Der überwiegende Teil des menschlichen Körpers besteht aber aus Wasser, wie die Oberfläche der Erde auch. Wir kommen ursprünglich aus dem Wasser, wir wachsen im Wasser heran und wir bestehen zu mehr als 70 % aus Wasser. Und wie alle Atome so haben auch das Wasser- und Sauerstoffatom eine gewisse Eigenschwingung. Man hat nun das Schwingungsverhalten des körpereigenen Wassers in den drei Aggregatzuständen, flüssig, gefroren und gasförmig untersucht und kam zu einem verblüffenden Ergebnis als man mit Musik experimentierte.

Um heraus zu finden wie Schallwellen auf den menschlichen Körper wirken hat man Probanten mit klassischer Musik beschallt. Anschließend nahm man ihnen Blut und fror das Wasser des Blutes ein. Hierbei zeigte sich dass das gefrorene Wasser eine bestimmte kristalline Form annahm, was bei allen Probanten ob Frau oder Mann ob jung oder alt gleich war.

Nun hat man die Personen Rockmusik hören lassen mit dem verblüffenden Ergebnis dass das gefrorene Wasser des Blutes auch eine bestimmte kristalline Form annahm, welche wiederum bei allen Personen gleich war, nur diesmal unterschied sich die kristalline Struktur der Rockmusik von der Struktur der klassischen Musik.

Das bedeutet dass das Wasser des Blutes der Probanten durch die Musik in einen Zustand versetzt wurde der sich beim gefrieren des Wassers abbildete. Das Wasser behielt auch nach der Beschallung die Information der Schwingung bei, was im Gunde verblüfft weil es unserer Erfahrung widerspricht. Wir kennen das alle. Wenn die Geräuschquelle oder die Schwingungsquelle verstummt, hören wir nichts mehr. Das gefrorene Wasser des Blutes verhielt sich anders. Es verhielt sich so als würde es die Schwingungen speichern. Es ist wie ein gefrorener Fingerabdruck der Musik, oder des Geräuschs, oder der Schwingung die der Körper wahrgenommen hat. Das Wasser verhält sich wie eine Art Informationsträger oder Informationsspeicher, was sich zumindest im gefrorenen Zustand nachweisen lässt.

Das ist eine erstaunliche Entdeckung.

Wenn nun das Wasser des Körpers solche Informationen eine gewisse Zeitspanne beibehält dann lassen sich daraus Rückschlüsse auf unser Wohlbefinden ziehen. Dann müssen andere unangenehme Geräusche auch einen Einfluss auf unseren Körper haben. Dann müssen alle Geräusche unseren Körper in irgendeiner Weise beeinflussen und in eine Schwingung versetzen und so eine Wirkung haben.

Du weißt wie angenehme Musik auf dich wirkt und wie die Wirkung deiner Musik dein Wohlbefinden steigert.

Du kennst aber auch das Gegenteil von angenehmen Klängen aus deiner Umwelt. Straßenlärm, Lärm von Baustellen, Geschrei im Treppenhaus, das Weinen der Kinder, Beleidigungen und Lügen und all die anderen unangenehmen Dinge die du im Grunde nicht hören möchtest. Alle diese Schallwellen die dich erreichen, tragen letztendlich zu deinem Wohlbefinden oder zu deinem Unwohlsein bei.

Hier musst du ansetzen und das unangenehme von dem angenehmen trennen. Du musst dich fernhalten von den Dingen die du nicht hören möchtest und die dich belasten. Suche stattdessen die Geräusche die du magst und die dich beruhigen. Umgebe dich mit den Geräuschen die du magst und nicht mit den Geräuschen die du nicht magst. Mach es so wie mit deinen Gedanken. Denke an das was du willst und nicht an das was du nicht willst. Es ist das gleiche Prinzip, es ist die gleiche Vorgehensweise.

Unbewusst lassen wir den täglichen Lärmmüll über uns ergehen und wundern uns dann wenn wir aufgewühlt oder nervös werden. Kraft kannst du nur in der Ruhe schöpfen. Deshalb suche die Ruhe wann immer es dir möglich ist. In der Ruhe kannst du dich auf deine Ziele konzentrieren und an das denken was du willst.

Dein Körper besteht aus Atomen die alle eine gewisse Eigenschwingung besitzen. Und heute weiß man wie sich Atome darstellen.

Stell dir vor die Neutronen und Protonen eines Atoms wären so groß wie Sandkörner. Dann würden die Elektronen in einem Radius von 10 Metern um den Kern kreisen. Und dazwischen wäre nichts als Leere. 99,999999999 % eines Atoms besteht aus leerem Raum.

Nun stelle dir diese riesige Kugel vor mit einem Kern so groß wie ein Sandkorn die absolut leer ist. Aus solchen Bausteinen besteht alles Sichtbare. Alles im Universum und alles um uns herum ist aus diesem Stoff gemacht. Auch wir. Wo aber in dieser riesigen Leere ist nun unser Ich? Das Ich kann keinen statischen, starren Zustand haben wie eine Software, die man auf eine Festplatte installiert hat. Das Ich hat aber in dieser Leere seinen Platz. Nur wo und wie ist es gespeichert?

Wir sind also eine Form der ursprünglichen Materie, der Energie die das ganze Universum durchdringt. Wir sind ein Spiegel oder eine Kopie des Universums. Genau wie du. Und wie alle andern bist auch du ein Energiefeld das sich in dem größeren Energiefeld, der Erde bewegt.

Energie hat eine gewisse Eigenschwingung die man messen kann.

Man weiß das Gedanken und Töne bzw. Schwingungen auf einen Körper wirken. Alle Schwingungen beeinflussen mehr oder weniger auch deinen Körper.

Auch deine Gedanken haben eine Eigenschwingung und die haben maßgeblich Einfluss auf dein Wohlbefinden und auf deine Gesundheit.

Wenn du deine Lieblingsmusik hörst, dann hast du im Hinblick auf diese Musik eine positive Einstellung. Du hörst diese Musik weil du sie magst, weil sie dich emotional berührt und gewisse Gefühlszustände generiert. Musik kann dich zu sehr hohen Leidenschaften anregen. Musik findet Ausdruck in allen Gemütszuständen zu denen der Mensch fähig ist, wie z.B. in Trauer oder Mitleid, in Freude, Mitgefühl oder in Liebe. Musik kann aber auch deine Leistungsfähigkeit verbessern, weil du deine Musik mir positiven Gefühlen und Erlebnissen verbindest.

Diese wohltuenden Emotionen die deine Musik in dir hervorruft werden eine positive Wirkung auf dich haben. Musik lässt dich gut drauf sein. Man weiß heute dass bereits unsere Vorfahren einfache Instrumente fertigten und das möglicherweise der Gesang vor der Sprache entstand.

Bist du aber von Lärm umgeben den du nicht magst dann wird dieser Lärm eine negative Wirkung auf dich haben. So ist das auch mit deinen Gedanken. Denn wenn du denkst und dadurch deine Bausteine, deine

Atome in Schwingung bringst wird das einen Effekt auf alle anderen Atome in deinem Körper haben. Denkst du nun an Dinge die dir Freude bereiten, haben diese Gedanken, diese Schwingungen einen Effekt auf alle anderen Bausteine deines Körpers. Hast du negative Gedanken wird das auch einen Effekt auf alle deine Atome haben. Das Newtonsche Atommodell ist hierfür ein anschauliches Instrument. Wenn ein Atom, eine Kugel in Schwingung gebracht wird, hat das Auswirkung auf alle anderen

Kugeln. Wenn du denkst dass du etwas kannst, dann kannst du es. Denkst du hingegen dass du es nicht kannst, dann wirst du es nicht zustande bringen.

Ob du denkst das du kannst oder ob du denkst das du nicht kannst, es ist beides richtig. Dieses Phänomen ist seit langem bekannt. Glücklichere Gedanken haben einen positiven Einfluss auf die Biochemie des Körpers und somit auf dein Wohlbefinden.

Schau dich um in der Welt! Du kennst auch Leute, die jammern den ganzen Tag und klagen über ihre Krankheiten. In dem sie jammern und immer wieder über ihre Krankheiten reden, sprechen sie das aus an was sie denken. Sie legen so ihre Gedankenenergie in ihre Krankheit und verschlimmern sie auf diese Weise nur, anstatt über ihre Gesundheit zu reden was den gleichen Effekt hätte, nur in entgegen gesetzter Richtung. Sie hätten ein besseres Wohlbefinden. Alles auf das wir uns konzentrieren erschaffen wir. Wenn du nur an das denkst was du willst, erschaffst du das was du willst. Denkst du nur an Krankheit, wirst du mit Sicherheit krank werden. Es ist deine mentale Einstellung wie du an die Dinge heran gehst. Du kannst es auch deine Geisteshaltung nennen, oder deine vorherrschenden Gedanken. Es ist alles das Gleiche. Nenne es wie du willst. An das was du überwiegend denkst wird sich in deinem Leben, in deinem Bewusstsein manifestieren. An das was du denkst wirst du erschaffen. Deswegen ist es von elementarer Wichtigkeit das du genau weißt was du willst, weil du so die Gedanken unterhältst die dich zu deinem Ziel führen, du benutzt deine Energie für deine Ziel führenden Gedanken und nicht für Dinge die du nicht willst und dir ohnehin nichts nützen. Wenn du im Geiste dein Ziel vor Augen hast, wenn du es wirklich willst, wenn du ein starkes Verlangen danach hast, dann halte dieses Bild in deinem Bewusstsein und verbinde es mit deinen positiven Emotionen, wie bei deiner Musik die dich innerlich berührt. Und habe ein starkes Vertrauen das du dein Ziel erreichen wirst. Vertrauen ist Glaube und Glaube ist Vertrauen. Glaube daran dass du es schaffen wirst und fühle dich dabei so als hättest du die gewünschte Sache bereits erhalten. Du wirst sehr bald feststellen das sich die Dinge wie von selbst bewegen. Alles bewegt sich im Fluss des Lebens immer entlang der Linie des Lebens. Du darfst nur keinen Druck erzeugen. Druck erzeugt immer nur Gegendruck bei allem was wir tun. Lass den Dingen ihren Lauf und habe einfach nur Vertrauen in den Fluss des Lebens.

So ist es auch mit deinem Körper. Vertraue in dich und deinen Fähigkeiten. Glaube an dich. Du bist ein emotionales Wesen, fähig zu denken und Gefühle zu haben und bist somit mit allen Werkzeugen ausgestattet die ein Mensch zum Weiterkommen benötigt.

Dazu brauchst du aber einen gesunden Körper, den du auch mit deinen Gedanken erschaffen kannst und dein momentaner Zustand spiegelt lediglich deine vorherigen Gedanken. Du bist ein Überbleibsel dessen was du in der Vergangenheit gedacht hast. Wenn du ein starkes Selbstvertrauen hast, wenn du einen starken Glauben an dich hast, kannst du alles erreichen was du willst. Denn der Glaube versetzt Berge das wusste man bereits vor tausenden von Jahren.

Das eindruckvollste Beispiel hierfür ist der Placeboeffekt den man seit längerem in der Medizin kennt. Man verabreicht einem Patienten ein Medikament, ein Scheinarzneimittel und versichert ihm dass dieses Scheinmedikament eine für ihn heilende Wirkung hat. In dem Glauben daran dass er ein heilendes Medikament eingenommen hat und mit dem vertrauenden Gefühl geheilt zu werden hat das Scheinmedikament oftmals eine bessere Wirkung als das pharmakologische Medikament. In der Erwartung der Heilung und der Glaube daran, haben nachweislich tatsächlich eine heilende Wirkung.

Du bist ein denkendes Wesen. Und wenn du an einen gesunden Körper denkst und an deinen Körper glaubst wirst du dich wohl fühlen. Denkst du aber an Krankheit und redest noch über sie oder hörst anderen zu die über ihre Krankheit reden gibst du deine Energie ihrer Krankheit indem du dich auf ihre Gespräche konzentrierst, machst so alles nur noch schlimmer. Lass das einfach sein, höre da nicht zu. Konzentriere dich auf deinen Körper und auf deine Gesundheit. Denke einfach: Ich bin gesund, ich bin glücklich, ich bin stark, du kannst einbauen was du willst, aber sage es dir immer wieder vor. Mach es wie die Werbung die dich immer wieder mit den gleichen Sprüchen konfrontiert, so lange bist du ihre Produkte kaufst. Meistens geschieht das unbewusst, genau so wie du dich unbewusst aufs Fahrrad setzt und los fährst nachdem du das Programm „Fahrrad fahren" deinem Bewusstsein aufgeprägt hast. Die ständigen Wiederholungen bringen den gewünschten Erfolg. Du musst dich auf deine Ziele konzentrieren, konditionieren oder programmieren nenne es wie du möchtest, es ist alles das Gleiche. Du kannst dir alle Programme die du brauchst aneignen, du musst es nur tun. Mach einfach den ersten Schritt im Vertrauen, du musst nicht den ganzen Weg sehen. Mach einfach nur den ersten Schritt. Vertrauen ist Glaube und Glaube ist Vertrauen. Wir kommen nun dem Ziel näher. Denn mein Ziel ist es dir die Werkzeuge, die dir mehr Leben ermöglichen an die Hand zu geben. Und es ist mein Ziel das du die Werkzeuge weiter gibst und so auch anderen Menschen die Möglichkeit eröffnest mehr zu erreichen als sie sich vorstellen können. So gewinnt jeder etwas hinzu was im Grunde nichts anderes ist als das was in der Natur geschieht. Es ist Evolution.

Die Menschheit ist aber infiziert von Neid und Missgunst. Keiner gönnt dem anderen mehr als er selbst hat. Das ist gegen die Natur, das ist gegen die Evolution. Das ist mit ein Grund, weswegen wir so zäh vorankommen. Wir brauchen mehr Akzeptanz und Toleranz. Wenn du die Werkzeuge verstanden hast und anwendest, wirst du bald mehr Erfolg haben und mehr Erfolg führt dich unweigerlich zu noch mehr Erfolg. So wird sich dein Leben aufbauen, als ob du eine Treppe hoch gehst, eine Stufe nach der anderen. Verfalle aber nicht in Neid und Missgunst. Das wird dich um einige Stufen zurück werfen. Du weißt nicht was den Anderen plagt dem du was neidest und was ihm Sorgen bereitet. Denke nicht daran was andere Menschen mehr haben als du sondern denke an das was andere Menschen weniger haben als du.

Nun zurück zu deinem Körper der Pflege und Wartung braucht wie eine Maschine, die ohne Pflege und Wartung sehr bald kaputt ginge.

Dein Körper ist aus der ursprünglichen Substanz aus der alles ist. Er ist aus Atomen die durch die

Kräfte der Natur in der wir leben zusammen geführt wurden. Die Natur ist in sich ein geschlossenes System und wenn der Mensch intelligent ist kann er sie nur von der Natur haben. Denn wir sind aus dem gleichen Stoff aus dem die Natur ist. Wir sind die Natur. Wenn nun dein Wille deine Gedanken erzeugt und formt, werden die Atome deines Körpers in Bewegung gebracht. Es entstehen so Gedankenströme oder auch Hirnströme die man auch messen kann. Die Gedanken sind also auch aus der gleichen Substanz aus der alles andere ist. Du wirst dich vielleicht Fragen, was ist Körper und was ist Geist? Da gibt es keinen Unterschied. Der Körper ist der Geist bzw. der Geist ist der Körper. Wir sind nicht Körper und Geist wir sind eins. Wie die Natur, die eins ist und durch ihre Kräfte zu sichtbarer Materie wurde. Die Evolution bewegt sich immer eine Stufe höher, bewegt sich immer weiter hin zu mehr Komplexität, zu mehr Individualität, die Lebensformen werden mehr und mehr anpassungsfähiger.

Gehe mit dem Fluss des Lebens, lass dich darin treiben und vertraue darauf dass du die Evolution deines Bewusstseins selbst meistern kannst, indem du deinen Willen benutzt und deine Subtanz in die gewünschte Richtung lenkst.

Der Mensch erneuert sich ständig selbst und der Körper heilt sich selbst. Wir kommen alle mit einem

Immunsystem auf die Welt, mit einem Basisprogramm das den Gegebenheiten angepasst werden muss. Der junge Mensch braucht den Kontakt mit seiner Umwelt damit das Basisprogramm, das Immunsystem für das Erwachsensein geschult wird. Zu viel Hygiene und Sauberkeit schaden da eher als sie nützen würden. Das Immunsystem baut gegen alle Keime mit denen es konfrontiert wird Abwehrstoffe auf, die fehlen wenn es die Eltern mit der Sauberkeit übertreiben. Das spielende Kind bringt sich instinktiv mit allem in Berührung was es greifen kann und führt es zum Mund. So bekommt es Kontakt mit den Keimen seiner Umwelt, lernt Formen kennen und beginnt zu fühlen. Ist der Holzwürfel hart oder weich, eckig oder rund. Ist das Spielzeug warm oder kalt oder glatt oder griffig. Es ist der natürliche Reflex eines jeden Kindes das sich so sein eigenes Immunsystem schult. Auch der so genannte Geist, das Ich oder dein Bewusstsein hat einen natürlichen Reparaturmechanismus. Du darfst nur nicht mit deinem Verstand versuchen die Mechanismen zu beeinflussen.

Was die Natur in tausenden von Jahren erschuf, können wir nicht mit unserem logischen Denken in ein paar Jahren entschlüsseln. Die Evolution des Individuums geschah nach den Erfordernissen der jeweiligen klimatischen Gegebenheiten. Wir leben auf einem wütenden Planeten der das Leben immer wieder bis an die Grenzen forderte. Der Mensch hat alles überstanden und ist der letzte einer sehr langen Reihe überlebender. Nicht zuletzt durch seine hervorragende Anpassungsfähigkeit, seine Zähigkeit, Ausdauer und Willensstärke. So ist auch unser Immunsystem entstanden, hervorragend fähig sich an verändernde Bedingungen anzupassen. Es lernt von selbst was es braucht.

Wenn du nun immer und immer wieder über vergangenes Unglück nachdenkst, wenn du immer wieder über die Vergangenheit grübelst, dann ist dein kompletter Körper mit dem beschäftigt an was du denkst. Du nimmst so deinem Immunsystem die Möglichkeit sich gegen die täglichen Angreifer zur Wehr zu setzen, weil du es pausenlos mit deiner Vergangenheit beschäftigst. Denn das Nachdenken über vergangenes Unglück, das ständige grübeln hat einen negativen Effekt auf alle

Atome in deinem Körper wie das Nachdenken an deine Ziele einen positiven Effekt auf deinen Körper hat. Das Denken an deine Ziele ist von Freude und Glück bestimmt und wird eine positive Wirkung auf deinen Körper haben. Das Denken an vergangenes Unglück ist von Angst bestimmt und Angst hat negative Auswirkungen auf deinen Körper.

Wenn sich deine Gedanken an vergangenes Unglück im Kreis drehen, musst du diesen Kreis durchbrechen. Dafür hast du deinen Willen. Du musst es wollen. Sage es dir vor, immer und immer wieder bist du ein Programm geformt hast, bis es automatisch geschieht wie einst das Fahrrad fahren. Konzentriere dich auf deine Ziele und nicht auf vergangenes Unglück. Daran kannst du nichts mehr ändern, es ist vorbei. Richte deine Gedanken in die Zukunft. Die Augen sitzen vorne im Kopf um nach vorn zu schauen und nicht nach hinten. Sage niemals „Ich bin krank" oder „Ich bin müde" oder ähnliches. Mit jedem „Ich bin" setzt du geistig Ursache, du begründest eine Tatsache. Du denkst und deshalb bist du und darum darfst du dich nicht selbst erniedrigen geschweige denn selbst als Krank bezeichnen. Du bist ein vollkommenes Wesen, geschaffen von der Natur um in dieser Natur das Leben zu erhalten indem du es weiter gibst. Mach dir diese Tatsache bewusst. Sage dir selbst immer wieder vor: Ich bin stark, ich bin gesund oder ich bin Liebe oder auch ich kann sein was immer ich sein will. Du kannst hier einbauen was du willst. Mit jedem „Ich bin" setzt du geistig Ursache und darauf folgt unweigerlich eine Wirkung.

Die Natur ist nicht krank oder müde. Die Natur ist immer vollkommen und perfekt. Du kannst auch sagen: Ich bin vollkommen, ich bin gesund, ich bin glücklich usw. Du kannst hier wirklich einbauen was du willst. Aber wiederhole es immer und immer wieder bis es das Erste ist an was du morgens denkst und das Letzte bevor du einschläfst. Erfolgreiche Menschen machen das genau so. Ihr erster Gedanke nach dem Aufwachen und der letzte vor dem Einschlafen ist ein Gedanke an ein Ziel. Auch der Gedanke an einen gesunden Körper ist ein Ziel das du erreichen möchtest und erreichen kannst. Gedanken sind kreative Energie und diese Energie kannst du verwenden um deinen Körper fit zu halten. Leistungssportler kennen diese Methode, sie kennen die Werkzeuge die jedem lebenden Wesen inne sind. Du hast diese Werkzeuge auch, du musst sie nur anwenden. Spreche nie schlecht über deinen Körper. Du musst deinen Körper mögen, du musst ihn so annehmen wie er ist. Es ist wie mit allem. Es ist deine mentale Einstellung, oder deine Geisteshaltung, oder deine vorherrschenden Gedanken die du unterhältst. Sie spiegeln dein Äußeres das nur die Wirkung einer Ursache ist die du mit deinen Gedanken herbeigeführt hast. So wie du denkst bist du und so wie du bist wirst du wahrgenommen. Wenn du dein Äußeres verändern möchtest musst du zuerst dein Denken ändern. Du musst mehr Leben wollen als du momentan hast. In der Natur ist das auch so. Leben erhält sich durch mehr

Leben. Leben erhält sich durch Überschuss. Wenn du dich diesen Prozessen entziehst, wenn du denkst es soll alles so bleiben wie es ist, wirst du nicht vorankommen, du wirst stehen bleiben. Das ist nicht Evolution das ist Rückschritt.

Zweifle nicht an dir und an der Natur. In der Natur geschieht alles von selbst. Es gibt keinen Rückschritt in der Natur. Es geht immer nur weiter in eine Richtung, immer nur vorwärts. In der Natur gibt es kein Hinten und Vorne, oder Oben und Unten. Es gibt auch kein Innen und Außen oder Gut und Böse. Schau ins Universum, wo soll da links und rechts sein oder oben und unten. Das sind Begriffe die der Mensch geprägt hat um seine Umwelt zu begreifen. Es gibt nur die Zeit die vor uns liegt, wir nennen sie Zukunft. Die Zeit hinter uns ist vorbei, daran kannst du nichts mehr ändern. Denke an das was du willst, so setzt du geistig Ursache für die Zeit die du noch vor dir hast, für die Zukunft. Dann wirst du die gewünschte Wirkung haben wenn du in der Zukunft angekommen bist. Wenn du auch im Moment nicht siehst wie es vonstatten gehen soll. Grübele nicht darüber nach wie etwas funktioniert, wie du dahin kommen kannst wo du hin willst. Habe Vertrauen in dich und habe Geduld. Alles kommt zu dem der geduldig ist. Dann wirst du dir die Wirklichkeit bauen die du haben möchtest.

Mach einfach den ersten Schritt im Vertrauen sagte Martin Luther King jun. Du musst nicht den ganzen Weg sehen. Mach einfach nur den ersten Schritt.

Diese Feststellung hat auch mein Leben geprägt, sie ist Bestandteil meines Wesens geworden.

Um einen gesunden Körper zu haben musst du dich auch gesund ernähren. Erdgeschichtlich sind wir noch Steinzeitmenschen. Und unser Verdauungssystem ist auch noch auf diesem Stand. Es ist nicht vorbereitet auf die Nahrung die uns die Industrie verkaufen möchte. Wir haben Zähne zum Kauen und essen nur noch weiche Nahrung. Wir nehmen uns keine Zeit mehr zum Essen. So erfand der Mensch dieses Fastfood. Viele Magen-Darm Krankheiten entstehen dadurch. Dabei haben wir einen Überfluss an guter Nahrung. Wir haben ständig Zugang zu frischen Obst und Gemüse. Die Zeit in der wir heute leben, ist die beste Zeit die es für Menschen je gab. Zumindest in der westlichen Welt.

Der Steinzeitmensch hatte nur das was die Natur ihm bot. Fand er im Wald oder auf dem Feld reife Beeren oder Früchte dann sagte ihm sein Ich, sein Bewusstsein, iss so viel du kannst. Fand er Wurzelgemüse oder war er bei der Jagd erfolgreich sagte ihm sein Ich, iss so viel du kannst. Diese über die Jahrtausende angelernte Anpassung an die natürlichen Bedingungen haben wir heute noch in unseren

Genen. Essen wir süßen Kuchen dann sagt unser Ich, esse so viel du kannst. Mit Fleisch und anderer Nahrung ist es dasselbe. Unser Ich sagt immer nur, iss so viel du kannst. Damals war das überlebenswichtig, heute ist diese von der Natur geprägte Eigenschaft eher gesundheitsschädlich. Weil uns die Tage ohne Nahrung und vor allem die Bewegung fehlen.

Unser Körper ist ein Bewegungsapparat der täglich Bewegung braucht. Die Natur hat uns erschaffen um der Nahrung hinterher zu laufen und nicht acht Stunden auf einem Bürostuhl zu sitzen. Heute ist es umgekehrt. Die Nahrung läuft uns hinterher. Nahrung ist im Überfluss in jeder Form und überall zu bekommen. Wir sollten uns aber auf die Nahrung beschränken die unser Verdauungssystem noch kennt. Der Steinzeitmensch aß Fleisch und Fisch und Wurzelgemüse. Er aß Obst und Nüsse und Beeren und trank einfach nur Wasser. Es geht natürlich auch ohne Fleisch. In der Steinzeit gab es immer längere Perioden in denen dem Menschen kein Fleisch zur Verfügung stand und er lange hungern musste. Es muss eine Mischung von allem sein. Du musst einen Mittelweg finden.

Konzentriere dich beim Essen auf das was du tust, auf das Essen. Fühle die Konsistenz der Speisen und den Geschmack. So wird dein Körper die Nahrung optimal aufnehmen und verwerten. Sei auch beim Essen mit deinen Gedanken dabei und nicht bei deinen Problemen. Nach dem Essen kannst du dich wieder dem Alltag widmen. So ist die richtige Vorgehensweise. Erst das Eine und dann das Andere. Plane in deinen Tag eine feste Mahlzeit ein. Dazwischen Obst und Gemüse. Es ist wirklich ganz einfach. Du bist auch das was du isst. Deswegen ist es wichtig dass du dich richtig ernährst. Es gehört einfach dazu. Du kannst vieles treiben, nur nicht übertreiben. Alles unterliegt auch gewissen Einschränkungen.

Die Menschen unterschätzen die Kraft ihrer Gedanken, sie haben verlernt eigenständig zu denken und so eigenständig zu handeln. Die meisten tun nur das was ihnen andere sagen, so leben sie nicht sie werden gelebt. Das ist nicht Evolution das ist dem Leben hinterher laufen. Leben ist frei zu denken an das was man will, so kannst auch du tun was du willst und erreichen was du willst. Deine Gedanken müssen frei sein, du darfst sie nicht einzwängen lassen wie in einem Korsett. Wenn du die Werkzeuge in diesem Buch anwendest, wirst du erkennen wie die Natur funktioniert. Nur Erkennen führt zu wirklicher Freiheit, führt zu Weisheit.

Das Leben wie wir es kennen, ist das Beste was die Natur je hervor gebracht hat. Die meisten Menschen aber verkennen das sie auch nur Natur sind. Manche erheben sich über die Natur und entkoppeln sich so von den natürlichen Prozessen. Die Folgen dieses Größenwahns kannst du täglich in den Nachrichten beobachten, wenn die so genannten Herrschenden ihre weltfremden Ideen präsentieren die uns mehr Wohlstand bringen sollen. Wohlstand ist wie alles eine Geisteshaltung. Du brauchst nicht viel um ein gutes Leben zu führen. Sie dankbar für alles was du hast und erfreue dich an dem was du hast. Baue Dankbarkeit in deinen Tagesablauf ein. Du kannst nie mehr haben als das was du hast wenn du nicht täglich dankbar bist für das was du hast. So ist es auch mit deinem Körper, mit deiner Gesundheit. Sei dankbar für deinen Körper und sei dankbar für deine Gesundheit. Wenn du krank geworden bist konzentriere dich auf einen gesunden Körper und nicht auf deine Krankheit. Richte deine Gedanken auf das was du willst auf einen gesunden Körper und nicht auf das was du nicht willst auf die Krankheit. Körper und Geist sind eins, sind aus der gleichen ursprünglichen Substanz und Gedanken an Krankheit werden unweigerlich zu Krankheit führen, so wie Gedanken an Gesundheit unweigerlich zu Gesundheit führen werden. Dein Körper stößt ständig kranke Zellen ab und produziert auch ständig frische Zellen. Dein Körper ist ständig am Neuaufbauen und Reparieren. Wenn du nur Gedanken an Krankheit unterhältst, wenn du ängstlich bist und über Krankheit grübelst, werden sich kranke Zellen in deinem Körper halten. So entsteht alles was wir nicht wollen, weil wir nur an das denken was wir nicht wollen, die Krankheit. Du blockierst mit deinen Gedanken den von der Natur in Millionen von Jahren entwickelten Reparaturmechanismus. Wir nennen ihn Immunsystem welches auf alles reagiert was dem Leben schädlich sein kann. Du darfst die Werkstatt in deinem Körper nicht mit deinen Gedanken an ihrer Arbeit hindern in dem du an das denkst was du nicht willst. Mach es umgekehrt, denke an das was du willst, an einen gesunden Körper. Mache das täglich und verbinde deine Gedanken mit positiven Emotionen, fühle dich gut dabei und vertraue darauf dass du alles erreichen kannst was du willst. Das ist der Treibstoff der dich gesund hält. Glaube an dich und daran dass du Natur bist, in der Natur vollkommen erschaffen um in der Natur vollkommen zu leben. Das ist der wirkliche Glaube.

Mach dich frei von gesellschaftlichen Glaubenszwängen die lehren, dass es eine übernatürliche Gestallt gibt die alles lenkt und alles regelt. Die gibt es nicht. Es gibt keinen Schöpfer der alles erschaffen hat und darum gibt es auch keine Schöpfung. Was der Mensch Schöpfung nennt ist die Natur die Millionen von Jahren gebraucht hat um hier hin zu kommen und uns alles bietet was wir brauchen. In der Natur hat alles eine Ursache und was wir wahrnehmen sind die Erfahrungen die unser Bewusstsein prägen. Darum bist du was du denkst und weil du denkst bist du. Das ist eine unumstößliche Tatsache, das ist Wahrheit und nicht das was uns verschiedene Sekten lehren möchten. Konzentriere dich auf deine Ziele und meditiere darüber. Halte deine Ziele und Wünsche in deinem Bewusstsein. Das ist das was die Sekten beten nennen. Die wollen dass du klein und arm bleibst. Die wollen dass du jemanden huldigst, dessen Existenz sie nicht beweisen können. So ist der Mensch am Besten lenkbar. So macht man sich den Menschen untertan. Erinnere dich daran, dass du selbst ein denkendes Wesen bist und dass du selbst entscheiden kannst was du willst und an was du glaubst. Vertraue dir selbst und glaube an deine Stärken und halte dich fern von Leuten die den Weltuntergang predigen. Unsere Erde besteht schon seit vier Milliarden Jahren und das wird sie weiterhin tun. Das Leben existiert auch schon seit ewigen Zeiten und nur weil der Mensch eine Sprache besitzt kann es keine übernatürliche Person geben der wir huldigen müssen. Als es auf der Erde noch keine Menschen gab und somit keine Sprache hat sich niemand um einen Schöpfer gekümmert.

Stell dir die Erde ohne Menschen vor. Wo wären dann all die Götter zu denen wir beten sollen. Der Mensch ist die Spitze der Evolution und somit das höchste Lebewesen auf diesem Planeten. Wenn du jemanden huldigen möchtest dann huldige dir selbst, weil du auch ein Mensch bist und so zur Spitze der Evolution gehörst. Denke darüber nach, erforsche deine Gefühle und diese Worte und du wirst feststellen dass sie wahr sind. Dein Selbstvertrauen, dein Glaube an dich und an deine Stärken ist der wirkliche Glaube. Erinnere dich an den Placeboeffekt. Wenn du glaubst das ein Medikament, von dem du nicht weißt dass es ein Scheinmedikament ist wirkt und du die Erwartung hast das es wirkt, dann wirkt es. Das ist seit langem bekannt und wissenschaftlich belegt und dennoch wird dieses Wissen den Menschen nicht näher gebracht. Sag deiner inneren Werkstatt was sie zu tun hat, indem du glaubst dass sie es kann und sie wird es tun. Es gibt viele Beispiele wie sich Menschen so selbst heilen konnten. Und du kannst das auch. Das kann Jeder.

Die kranken Zellen in deinem Körper werden ständig erneuert oder durch neue ersetzt. Es ist ein ständiger Wandel, ein ständiges Kommen und Gehen und ein ständiges Werden und Vergehen.

So wie dein Körper ständig erneuert wird so erneuert sich auch das Leben auf der Erde. Die Lebensformen müssen sich erneuern da sich auch die Erde in einem ständigen Wandel befindet. Dieser Wandel, diese ständige Verändern der Umwelt ist der Motor der Evolution. Würde sich die Erde nicht drehen gäbe es keinen Wechsel von Tag und Nacht. Würde die Erdachse nicht geneigt sein, gäbe es keinen Sommer und keinen Winter. Die Natur bestimmt den Takt, den Rhythmus nach dem wir leben. Und die Natur regelt das Kommen und Gehen und das Werden und Vergehen der Lebensformen. Da die Erde sich ständig verändert sind alle Lebensformen auch gezwungen sich zu verändern und sich neu anzupassen an neue Bedingungen die die Erde vorgibt. Würden sich das Leben nicht erneuern wäre es den ständigen Veränderungen auf der Erde nicht gewachsen. Das Leben muss sich den Veränderungen anpassen, ansonsten würde es zu Grunde gehen. Darum kommen und gehen Lebensformen und darum Werden und Vergehen Lebensformen. Der Mensch ist auch in diese Prozesse eingebunden, er ist keine Ausnahme.

Die Menschen kommen und gehen wie alles auf diesem Planeten, so wie es die Natur für sie vorgesehen hat. Wir sind alle aus dem gleichen Stoff, aus der gleichen Subtanz und wenn wir gegangen sind geht diese Substanz nicht verloren. In der Natur geht nichts verloren. Alles ist aus der ursprünglichen

Materie, aus der ursprünglichen Energie und Energie geht nicht verloren. Energie kann man weder erzeugen noch kann man sie vernichten. Energie kann nur umgewandelt werden. So wird unsere Energie zurückgeführt in den natürlichen Kreislauf von Werden und Vergehen. Wir kommen zurück in den Fluss des Lebens und nicht in den Fluss des Todes. Den gibt es nicht, es gibt nur die Natur und die Natur will immer mehr Leben und nicht den Tod. Die Menschen glauben daran, dass es nach dem Vergehen was sie den Tod nennen ein Leben gibt. Das ist richtig, es gibt ein Leben nach dem wir gegangen sind, aber nicht in der Form wie wir es gerne hätten. Unsere Moleküle werden zurückgeführt in den Kreislauf des Lebens und daraus entstehen neue Lebensformen, die den veränderten Bedingungen besser angepasst sind. Auf diese Weise gibt es ein Leben nach dem Vergehen, nach dem was wir den Tod nennen aber das neue Leben wird ein anderes sein, es ist besser angepasst an die veränderten Bedingungen, es wird sich weiterentwickelt haben und fortgeschrittener sein. Das ist Natur, das ist Evolution. Es ist so als würde man für die Zeit die wir Leben nennen einen Eimer Wasser aus einem Fluss nehmen und nach dem Vergehen des Lebens das Wasser wieder ausschütten. Dabei wäre es völlig gleich wo man das

Wasser ausgießt, es würde immer in den Wasser-kreislauf zurück gelangen.

Deswegen kann das nicht richtig sein was uns die Sekten lehren möchten. Es gibt keinen Himmel und es gibt keine Hölle. Wo sollen diese Orte auch sein? Das sind Vorstellungen aus den Anfängen des menschlichen Daseins, die sich leider bis heute in den Köpfen der Menschen gehalten haben. Mach dich frei von diesen überholten Ansichten. Diese Dinge brauchst du nicht. Man hat damit nur Furcht verbreitet und Ängste geschürt um den Menschen gefügig zu machen. Wenn du sündigst und nicht das tust was wir dir auftragen, kommst du in die Hölle, heißt es bei den meisten Sekten.

Bei vielen Eltern ist das immer noch eine beliebte Erziehungsmethode. Wenn du nicht brav bist, kommt der schwarze Mann und nimmt dich mit. So werden viele Kinder erzogen weil es Bequem ist und nicht viel Mühe macht. Die Kinder werden so aber ängstlich und unsicher was sich später auch in der Schule zeigt. Die Folgen werden aber gerne in Kauf genommen, anstatt mit Lob und Zuwendungen zu arbeiten. Kinder brauchen Liebe, Wärme und Unterstützung und bestimmt keinen Druck. Druck erzeugt immer nur Gegendruck das bekommen die Eltern zu spüren, wenn nicht im Kindesalter dann später.

Wenn du auch solche Dinge erlebt hast musst du nicht verzweifeln. Es gibt einen einfachen Weg die Programme die man dir aufgeprägt hat zu überschreiben. Du musst dich nur neu Programmieren oder Konditionieren indem du die Werkzeuge benutz wie ich sie dir geschildert habe. Lass die Vergangenheit in Ruhe. Die ist vorbei, daran kannst du nichts mehr ändern. Formuliere deine Ziele und halte sie in deinem Bewusstsein mit dem Glauben dass du sie erreichen kannst und in der Erwartung dass du das Gewünschte bekommen kannst. Glauben umfasst denken, sprechen und handeln. Verhalte dich so als ob du das gewünschte bereits hast. Sei dankbar für alles was du bereits hast und bist. Verschwende deine Gedankenenergie nicht an vergangenes Unglück. Denke an das was du willst und nicht an das was du nicht willst. Du hast nicht unbegrenzt Energie zum Denken deswegen darfst du deine Kraft nicht für Gedanken verschwenden die dir keinen Nutzen bringen. Wenn du überwiegend an das denkst was du nicht willst, an das Unglück aus deiner Vergangenheit, dann bleibt dir nicht mehr viel Energie für Gedanken die dir von Nutzen sein können. Das ist der Grund weswegen die meisten Menschen in ihrem Dasein gefangen sind. Sie sind nicht in der Lage ihre Kraft, ihre Energie für die wirklichen brauchbaren Gedanken zu verwenden.

Es ist eine Angelegenheit von Energieeinteilung und nicht von Intelligenz. Menschen werden nicht dumm geboren, Menschen werden von ihrer Umwelt in die sie zwangsläufig hinein geboren werden dumm gemacht indem man ihnen das für sie nützliche vorenthält oder ihnen aus Unwissenheit oder mangelnder Bildung nicht gibt oder zeigt.

Das ist ein schlimmes Verbrechen am Wesen des Kindes, eine Sünde am Wesen des Menschen.

Wir haben durch das Internet Zugang zu Informationen wie man es vor einigen Jahren nicht für möglich gehalten hätte. Auch in dieser Hinsicht ist die Zeit in der wir heute leben, die Beste Zeit die es für Menschen je gab.

Sich Wissen anzueignen ist essenziell, denn das Wissen der Menschheit unterliegt den gleichen Gesetzen wie alles in der Natur. Unser Wissen schreitet ständig vorwärts und überlagert Vorangegangenes so wie alles in der Natur nach und nach durch Neues ersetzt wird. Das ist auch Evolution, das ist auch Natur. Du siehst dass wirklich alles um uns herum einem ständigen Wandel unterliegt. Das musst du auch tun, du musst dich fortbilden, du musst viel lesen und neugierig sein damit du auf dem Laufenden bleibst. Wenn du das nicht machst wirst du abgehängt von denen die es machen. Du wirst bald merken dass die, die es machen und in dem Fluss der Evolution mitschwimmen mehr haben als du. Evolution ist immer mehr und immer besser zu werden. Das ist der Grund warum es arme und reiche Leute gibt. Diejenigen die mehr haben als du, denken mehr an das was sie wollen als du und setzen sich größere Ziele als du. Deswegen ist es wirklich von großer Bedeutung dass du dir Wissen aneignest. So wirst du die natürlichen Prozesse verstehen lernen und erkennen können. Das Erkennen der Natur ist die wirkliche Grundlage, das Fundament eines jeden Erfolges. Und das Gesetz des Erfolges ist Nutzen.

Du und deine Beziehungen

Jeder Mensch als soziales Wesen ist eingebunden in gesellschaftliche Strukturen und steht so in einer Beziehung zu einem anderen Menschen. Ob das nun beruflich, geschäftlich oder privat ist. Beziehungen haben alle Menschen.

Falls du nun eine neue Beziehung eingehen möchtest, falls du einen Partner oder Partnerin wünschst dann darfst du dich keinesfalls Hals über Kopf in eine Beziehung stürzen. Liebesbeziehungen geschehen, man kann sie nicht erzwingen. Auch in dieser Hinsicht musst du genau wissen was du willst. Und hier wird bereits der Grundstein für das Scheitern einer Beziehung gelegt, weil die meisten Menschen nicht wissen was sie wollen, wie sie ihren Partner oder Partnerin haben möchten und was sie von einer Beziehung erwarten. Sie stürzen sich kopflos in eine Beziehung ohne irgendwelche Vorstellungen vom zukünftigen Partner oder Partnerin zu haben.

Wenn du nicht weißt wie du deinen Partner oder Partnerin haben möchtest, gibt es einen einfachen Weg das heraus zu finden. Du nimmst dir wieder ein Stück Papier und schreibst alle Charakterzüge, Merkmale und Besonderheiten deines Partners oder Partnerin auf die du dir wünschst. Schreibe dir wirklich alles auf wie du deinen zukünftigen Lebensgefährten oder Lebensgefährtin haben möchtest. Lass dir dabei ruhig Zeit das kann Tage oder Wochen dauern. Wen du nun das Gefühl hast das deine Liste gut gefüllt ist, fängst du nun an alle Eigenschaften die dir im Moment nicht so wichtig erscheinen zu streichen. Lass dir dabei auch viel Zeit und wäge alles nach sorgfältiger Überlegung genau ab. Streiche alle Eigenschaften durch bis nur noch fünf übrig sind.

Mit diesen fünf Merkmalen oder Eigenschaften die du dir erarbeitet hast gehst du nun vor. Setz dich einfach mal in der Fußgängerzone in ein Cafe und beobachte die Leute. Du wirst bald feststellen dass dir immer mehr Menschen mit deinen erarbeiteten Eigenschaften auffallen die du auf deinem Zettel stehen hast. Es ist ein Naturgesetz das alles worauf wir uns konzentrieren in unser Leben tritt.

Wenn du aber gedankenlos durch die Gegend läufst und den lüsternen Blick drauf hast, ist dein scheitern bereits vorprogrammiert. Konzentrierst du dich aber auf deine erarbeiteten Eigenschaften wirst du sehr bald feststellen dass dir immer mehr Menschen begegnen die deinen Vorstellungen entsprechen.

Nun musst du ihn oder sie nur noch ansprechen. Dabei kommt es nicht darauf an was du sagst, sondern wie du es sagst. Sei einfach freundlich und nett so wie du es von anderen auch erwarten würdest.

Denn du kannst nur das erwarten was du selbst bereit bist zu geben. Wenn du freundlich und nett bist werden die Anderen auch freundlich und nett zu dir sein. So wie du zur Welt bist, so ist die Welt zu dir. Du kannst dir auch deine fünf Punkte zu Hilfe nehmen wenn du die Person ansprichst. Da ist nichts Verwerfliches dran. Du musst es einfach nur machen. Lade die Person einfach zu einem Kaffee ein. Was wird er oder Sie sagen? Es tut mir Leid aber ich bin nicht alleine. Oder: Ja, schön klasse das finde ich toll.

Du musst einfach nur freundlich und nett sein und ein annehmbares Äußeres vorweisen. Denn wenn du hier Erfolg haben möchtest kannst du ungepflegt nicht punkten. Frauen sind da ganz besonders penibel. Wenn deine Hände nicht gepflegt sind oder deine Schuhe schmutzig, bist du in den ersten zwei Sekunden durchgefallen. Frauen achten besonders auf Hände und auf Schuhe. Achte also du auf dein Äußeres. Denn dein Äußeres spiegelt deine Mentale Einstellung und deine Einstellung wird geprägt von deinen Gedanken.

Du bist das was du denkst, bzw. was du in der Vergangenheit gedacht hast. Und wenn du dir nicht gefällst kannst du keine Beziehung eingehen. Du musst zuerst mit dir klar kommen und du musst wissen was du willst. Du musst zuerst dich selbst mögen. Wenn du dich ändern willst oder dein Leben ändern willst, musst du zuerst deine Einstellung ändern und deine Einstellung spiegelt lediglich deine vorherrschenden Gedanken. Wenn du noch nicht den richtigen Partner oder die richtige Partnerin gefunden hast, liegt das meistens an deiner Einstellung gegenüber anderen Menschen. Die andern sind nicht weniger wert als du, aber auch nicht mehr. Mit Vorurteilen kommst du auch nicht weiter. Das hat noch nie funktioniert. Du bist ein Überbleibsel dessen was du gedacht hast. Wenn deine Beziehungen nicht funktionieren musst du dich fragen: Warum passiert mir das? Was ist der Grund? Was ist die Ursache. Deine erlebte Wirklichkeit ist lediglich die Folge einer Ursache die du mit deinen Gedanken selbst herbeiführt hast. Du bist selbst der Verursacher deiner Welt und nicht die Andern. Du kannst dein Leben bewusst gestallten indem du bewusst geistig Ursache setzt und das tust du indem du an das denkst was du willst und nicht an das was du nicht willst. Die Wirkung wird sein dass du das bekommst was du verursacht hast, du bekommst das was du willst. Natürlich ist dein Äußeres, dein Auftreten auch von großer Wichtigkeit.

Schau in den Spiegel und frage dich ob du dich magst oder ob du dich so annimmst wie du bist. Wenn du mit dir nicht zufrieden bist, musst du zuerst dein Denken ändern. Denn dein Äußeres wird von deinem Denken bestimmt. Wenn du dich selbst nicht magst, wenn du dich selbst nicht liebst, hast du nichts was du anderen Menschen geben kannst. Du kannst nicht erwarten dass dich jemand liebt wenn du dich selbst nicht liebst. Deswegen musst du zuerst mit dir klar kommen. Man wird es dir ansehen wenn du so weit bist, wenn du das erreicht hast. Versuche nicht eine Beziehung zu beginnen wenn du nicht bereit dafür bist. Dein Gegenüber wird das schnell merken oder sehr bald heraus bekommen und du wirst erneut scheitern.

Egoismus ist auch nicht die Lösung, im Gegenteil. Egoismus ist der Killer aller Beziehungen. Menschen brauchen in einer Beziehung Wärme und Nähe und nicht selbstgefällige Überflieger.
Das ist es was wir alle suchen. Wärme, Nähe Herzlichkeit, Freundlichkeit, Verständnis, Mitgefühl: Ergänze die Reihe selbst. Dir werden bestimmt noch einige Begriffe einfallen.
Beziehungen werden von Vertrauen getragen und Vertrauen gewinnt man durch Wärme, Nähe, Herzlichkeit, Freundlichkeit, Verständnis und Mitgefühl. Vor allem aber durch Akzeptanz und Toleranz.
Viele Ehen wurden auch mit der Absicht ein Ziel zu erreichen geschlossen. Das geht meistens so lange

gut bis das Ziel erreicht ist, weil man sich Mühe gibt bis das Ziel erreicht ist. Ist man aber da angekommen wo man hin wollte, macht es meistens keinen Sinn mehr sich Mühe zu geben. Die Beziehung hat ihren Zweck erfüllt und wird nicht mehr gebraucht. Wird das angestrebte Ziel aber nicht erreicht wird meistens der Partner verantwortlich gemacht. Dafür ist man die Beziehung eingegangen und deswegen kann ja nur der Partner schuld sein. Das ist immer der einfachste Weg sich aus seiner Verantwortung zu stehlen. Man zeigt mit dem Finger auf den oder die Andern und nicht auf sich selbst.

Viel Unglück wurde so schon in die Welt gebracht. Viele Paare leben aber weiterhin nur aus Gewohnheit zusammen ohne sich richtig zu mögen oder gar zu lieben. Das ist kein Miteinander, das ist ein Nebeneinander her leben. So entsteht Unzufriedenheit die nicht selten in Gewalt endet.

Diesen Dingen kannst du aus dem Wege gehen in dem du weißt was du willst, indem du dir ein Ziel setzt und dieses Ziel verfolgst wie ich es dir bereits beschrieben habe. Halte in deinem Bewusstsein was du möchtest, konzentriere dich darauf und freue dich darauf dein Ziel zu erreichen. Das kannst du, andere haben es auch geschafft. Denke an das was du willst und nicht an das was du nicht willst. Die Vorgehensweise ist immer die gleiche.

Du denkst also bist du schrieb Rene Descartes. Mach dir bewusst dass dies wahr ist. Du wirst geprägt von den Gedanken die du unterhältst. Du bist was du denkst.

Viele Menschen stellen sich auch die Frage weswegen Beziehungen nicht lange halten. Das ist auch ein Mitbringsel aus der Steinzeit. Die Steinzeitfrau war gezwungen den Erzeuger des Nachwuchses emotional an sich zu binden. Er gab ihr Schutz und besorgte die Nahrung, weil es für sie viel zu gefährlich war mit dem Kind auf dem Arm durch die Landschaft zu ziehen und Nahrung zu besorgen. Darum griff sie zu der List der emotionalen Bindung, die solange bestand bis der Nachwuchs in der Lage war hinterher zu laufen. Das waren in der Regel sieben bis acht Jahre. Die Experten sprechen von einem schmutzigen Trick der Natur.

Heute spricht man in einer Partnerschaft vom verflixten siebten Jahr. Viele Ehen scheitern nach dieser Zeit. Andere Paare bekommen nach ca. sieben Jahren ihr zweites Kind. Der Mann spürt intuitiv dass die Frau die emotionale Bindung zu ihm auflöst. Das ist ganz normal das macht sie nicht absichtlich. Und so beschließt er sich mittels eines weiteren Kindes, durch einen weiteren sieben Jahres Zyklus die Emotionen seiner Frau zu erkaufen. Das geschieht in den meisten Fällen auch unbewusst, weil es ein von der Natur über die Jahrtausende erfolgreich angewandter und gefestigter Ablauf ist. Die durchschnittliche Dauer einer Ehe beträgt in Deutschland 14 Jahre, also zwei Siebenjahres-Zyklen.

Sieben Jahres Zyklen gibt es in der Natur viele. Zum Beispiel erneuert sich unser Körper komplett in sieben Jahren.

Löst sich nun nach und nach die emotionale Bindung bei Paaren, gibt es zunehmend Streit zwischen Beiden. Seine angeborene Intention ist es seine Gene zu verbreiten. Ihre Bestimmung ist es, einen starken und gesunden Erzeuger zu finden der den Nachwuchs beschützt. Diese Mitbringsel aus der Zeit vor unserer Zivilisation werden heute nicht mehr benötigt. Dennoch haben wir diese Programme noch in unseren Genen. Wenn die Beziehung nun zu scheitern droht und man keinen Ausweg mehr sieht, wenn man sich gegenseitig beschuldigt und beschimpft, werfen viele alles hin und trennen sich. Statt sich gegenseitig zu beschuldigen oder anzuschreien, statt mit dem Finger auf seinen Partner zu zeigen und ihn zu beschuldigen, du bist, du warst, du hast, du, du, du und immer wieder du bist schuld, sollte man sich besser hinsetzen und darüber nachdenken wie man die Partnerschaft retten könnte.

Auch hierfür gibt es eine simple Lösung. Beide, sie und er nehmen sich ein Blatt Papier und schreiben in den nächsten Wochen alles auf was sie an ihrem Partner einmal schätzten. Man hat sich einmal geliebt und die Vorzüge des Partners zu würdigen gewusst. Sich diese Vorzüge wieder ins Bewusstsein zu rufen ist wichtig für ein Zusammenleben.

Das sollten beide aber von einander getrennt machen. Der Eine sollte nicht die Notizen des Anderen lesen können und umgekehrt. Und man sollte sich dafür Zeit lassen. Wenn möglich mehrere Tagen oder Wochen. So verwendet man seine Energie für die Stärken des Partners und nicht für seine Schwächen. Jeder Mensch hat Schwächen. Das ist ganz normal. Auch du hast welche. Wenn man sich immer nur anschreit und seinem Partner seine Schwächen vorwirft, verlagert man seine Energie auf diese Schwächen die dadurch immer größer und mehr werden. So ist noch keine Beziehung gerettet worden. Im Gegenteil, man hat so alles nur noch schlimmer gemacht und am Ende die Partnerschaft zerstört.

Es ist die gleiche Vorgehensweise. Konzentrierst du dich auf Schwächen werden diese mehr und größer. Konzentrierst du dich aber auf die Stärken deiner Partnerin oder deines Partners werden diese mehr und größer.

Akzeptanz und Toleranz sind für eine Beziehung essenziell. Wenn du deinen Partner nicht so akzeptierst wie er ist, dann kann das Zusammenleben nicht von Liebe geprägt sein.

Auch das immer wieder betonte Geben und Nehmen ist für eine Beziehung nicht förderlich. Wenn du in der Erwartung gibst um nachher etwas zu bekommen, wirst du bald enttäuscht sein wenn dir dein Partner nichts gibt. Dein Partner kann nicht immer geben wenn du etwas verlangst. Wenn du beim ersten Mal nicht bekommst was du erwartest, wirst du das möglicherweise noch hinnehmen. Beim zweiten Mal schon schleicht sich ein ungutes Gefühl bei dir ein. Und bei einem weiteren Mal wirst du nichts mehr geben wollen weil du nichts zurückbekommst. Deswegen ist dieses Geben und Nehmen Gerede völliger Unsinn. Mann muss zuerst mit sich selbst klar kommen.

Man muss sich selbst mögen so wie man ist und sich selbst lieben so wie man ist. Dann wirst du glücklich sein und Freude am Leben haben. Wenn du diesen Zustand erreicht hast kannst du deinen Partner daran teilhaben lassen. Dann wird auch er oder sie glücklicher sein. Denn wer möchte schon mit einem griesgrämigen, nörgelnden Partner zusammen leben? Niemand.

Viele Paare leben aber so schon seit vielen Jahren zusammen. Er nörgelt an ihr von Morgens bis Abends und im Grunde ist es nur die Abscheu vor sich selbst. Es fehlt der Wille zur Veränderung, zum Fortschritt. Und wo kein Wille zum Weitermachen herrscht da ist Stillstand und Stillstand bedeutet immer Rückschritt. In vielen Wohnungen habe ich das vorgefunden. Man sieht sofort wo die Zeit stehen blieb und der Untergang sich breit machte und man sieht gleich wo fortschrittliche Gedanken herrschen und das Leben voran geht.

Fast alle Menschen erleiden harte Schicksalsschläge. Nur ganz wenige bleiben davor verschont. Viele sagen, sie ziehen das Unglück an. Das ist auch so. Wer nur an Unheil denkt wird auch nur Unheil erleben. Die meisten Menschen aber erholen sich von ihren Schicksalsschlägen, andere hingegen nicht. Das kann nicht an dem liegen was man erleiden muss. Das haben andere auch. Das muss an den Menschen selbst liegen die es erleiden müssen.

Du musst Ziele haben und an deine Ziele denken und nicht an vergangenes Unglück. Gedanken und Bilder an Vergangenes zerstören deine Zukunft. Das ist der Grund warum viele Leute an ihrem Unglück zerbrechen. Sie bekommen ihre schrecklichen Bilder und Gedanken nicht aus ihrem Kopf. Alles dreht sich immer im Kreis. Der komplette Körper wird so davon eingenommen. So wird der innere Reparaturmechanismus an seiner Arbeit gehindert, indem er ständig mit dem konfrontiert wird, was längst vorüber ist. Das Immunsystem kann aber nur dem widerstehen was es vor sich hat und nicht dem was hinter ihm liegt. Damit kann es nichts anfangen. Wenn du dein Immunsystem aber immer wieder mit der Vergangenheit beschäftigst, dann nimmst du ihm die Möglichkeit sich mit dem zu beschäftigen was vor ihm liegt. Das ist seine Aufgabe. Alles zu bekämpfen was dem Leben schaden könnte. Es beschäftigt sich immer nur mit dem was auf es einströmt. Die Folgen kennst du möglicher weise. Menschen die mit ihrem Schicksal nicht zu recht kommen werden krank und schwach und oftmals sterben sie an den Folgen. Das ist sehr hart weil es einen einfachen Weg gäbe diese Plagen los zu werden. Man muss es ihnen nur zeigen. Aber niemand tut etwas weil die wenigsten diese simplen Werkzeuge kennen. Du kennst sie nun und kannst sie weiter geben, sofern du sie verstanden hast. Du musst deine Gedanken filtern, die nützlichen von den unnützen und die guten von den ängstlichen und jämmerlichen. Du musst denken an das was du willst und nicht an das was du nicht willst. Das ist der Schlüssel zu deinem Erfolg, denn das Resultat des Erfolgs ist Nutzen.

Denn wer etwas will der findet Wege, wer hingegen etwas nicht will der findet Gründe.

Wenn du etwas tust das dir nichts nützt wirst du es bald sein lassen und auf Dauer keinen Erfolg haben. Jede deiner Handlung die in sich nicht erfolgreich ist, ist ein Fehlschlag und deine Arbeit war umsonst. Lege all deine Energie in das was du gerade tust. Das ist auch in Beziehungen so. Wenn du dich nicht auf das konzentrierst was du gerade tust, ist das was du tust nur ein gedankenloses dahinsiechen. Man muss sich Mühe geben, man muss Energie in sein Tun legen, bei allem was man tut. In Beziehungen ist das besonders wichtig. Wenn der Alltag sich einschleicht und die monotonen Abläufe überwiegen und das sich gegeneinander Anschweigen zur Routine wird, ist es an der Zeit die Mauer zu durchbrechen und dem Leben wieder Farbe zu geben. Dazu hast du deinen Willen. Kleine Geschenke wirken da schon Wunder. Zeige deinem Partner dass du ihn magst in dem du Anerkennung zeigst. Anerkennung braucht jeder Mensch. Ein von Herzen gesagter Dank ist aber mehr wert als hundert Mal Geschenke gemacht. Der Dank und die Anerkennung für alles was dein Partner oder deine Partnerin für dich tut ist die Lebensader deiner Beziehung. Du musst dankbar sein für all das was du hast, für all das was du bist und kannst und für all das was du bekommst. Qualität entsteht nur da wo man sich Mühe gibt. Das ist in Beziehungen nicht anders als bei der Arbeit. Es sind die kleinen Geschenke die Freude bereiten und es ist die Anerkennung die du zeigst die deiner Beziehung Farbe gibt und sie glücklich macht.

Du und die Welt

Die Welt in der wir heute leben ist in den letzten Jahrzehnten sehr komplex geworden. Das Wissen der Menschheit verdoppelt sich in wenigen Jahren und der Zugang zu diesem Wissen war in der Geschichte der Menschheit noch nie so einfach. Das Internet zeichnet sich hierfür verantwortlich. Menschen die das Internet gezielt benutzen haben einen Wissensvorsprung gegenüber solchen die kein Internet haben oder die es nur zum Zeitvertreib nutzen. Das Internet spiegelt die Menschheit und somit die Gedanken der Menschheit. Es gibt viele nützliche Seiten aber auch viel Schmutz. Wenn du dir Wissen aneignen möchtest musst dir das heraus nehmen was für dich nützlich ist, was dich weiter bringt. Stundenlanges surfen im Internet oder spielen hat eher das Gegenteil zur Folge. Monotone und stumpfe Abläufe werden eine Wirkung auf dich haben wie alles was du in Gang setzt eine Wirkung auf dich haben wird. Jahrelanges Arbeiten am Fließband macht die Mensche depressiv, ja sogar krank. Der täglich gleiche Trott, die immer wieder gleichen monotonen Abläufe sind die Ursache dafür. Das Gehirn des Menschen versucht immer in den Stand-by Modus zu schalten wenn es nicht gebraucht wird. Es tut das nicht weil es müde oder faul ist, nein es tut das weil es Energie sparen möchte. Wenn das nun wieder und wieder geschieht gewöhnt sich das Gehirn an diesen Zustand und wird träge. Wie ein Sportler der träge wird wenn er nicht trainiert. Du kannst dein Gehirn fit halten indem du es beschäftigst, indem du es trainierst. Wenn du dich nun stundenlang am Computer mit irgendwelchen monotonen Spielen beschäftigst dann schaltet dein Gehirn auch stundenlang im Standby Modus was natürlich eine unerwünschte Wirkung auf dich haben wird. Dein Gehirn wird träge werden. Und wenn dein Gehirn träge ist wird auch dein Körper träge sein. Körper und Geist sind Eins. Wenn dein Geist Krank ist dann ist dein Körper auch krank und wenn dein Geist träge ist dann ist es dein Körper auch. Dem kannst du entgegen wirken indem du dich gezielt auf eine Sache konzentrierst, am Besten auf ein Ziel das du erreichen möchtest. Setz dich in einen stillen Raum und halte den Gedanken an dein Ziel in deinem Bewusstsein, konzentriere dich darauf mit all deiner Kraft. Das kannst du so oft machen wie du möchtest. Wie immer wiederkehrende monotone Abläufe deinen Geist träge werden lassen so hat die wiederholte gezielte Konzentration auf dein Ziel die gleiche Wirkung nur in entgegen gesetzter Richtung.

Alles auf was wir uns konzentrieren erschaffen wir. Schau dich in deiner Welt um. Alles was von Menschenhand erschaffen wurde entstand ursprünglich durch einen Gedanken. Der Bauplan für das Gebäude in dem du wohnst wurde von jemand erdacht. Die Dinge die du täglich benutzt wurden von jemand erdacht. Die Natur wurde von uns verändert was auch Ursache eines Gedankens war. Die Wirklichkeit die wir wahrnehmen ist die Wirkung einer Ursache und die Ursache ist immer ein Gedanke.

Alle Nachrichten die die Medien verbreiten sind Auswirkungen einer Ursache. All die Kriege und das Leid der Menschen auf der Welt haben eine Ursache. Und wenn du dich auf das Leid der Menschen in den Krisenländern konzentrierst hilft das weder dir noch den Menschen die leiden. Du gibst deine Gedankenenergie einer Sache die du nicht willst und ohnehin nicht ändern kannst. Die Bilder die du in den Nachrichten siehst, sind Bilder aus der Vergangenheit. Die kannst du sowieso nicht ändern. Warum also dafür Energie verschwenden. Statt sich auf die Kriege zu konzentrieren die du nicht willst, konzentriere dich besser auf Frieden. Dein Widerstand gegen den Krieg wird ihn nicht beenden. Widerstand gegen eine Sache ist so als würdest du versuchen die Bilder des Geschehenen zu verändern. Das Geschehene ist vorbei das kann man nicht verändern. Du kannst aber deine Zukunft gestallten indem du Bilder deiner Ziele in deinem Kopf behältst und sie mit positiven Emotionen verbindest. So wie du Bilder eines vergangenen Krieges im Kopf hast und diese mit negativen Emotionen wie Ärger und Angst verbindest und die dich in die Vergangenheit tragen, kannst du dich auf deine Ziele konzentrieren, diese mit positiven Emotionen verbinden und deine Zukunft gestallten. Beide Szenarien das eine oder das Andere werden eine Wirkung auf dich haben. Wo deine Reise hingeht entscheidest alleine du.

Konzentriertes Arbeiten, auch am PC ist für dich von Vorteil weil dich die geistige Arbeit in eine virtuelle Welt forttragen kann. Wenn du dich intensiv auf das konzentrierst was du gerade tust, wirst du eintauchen in diese virtuelle Welt und eins werden mit deinem Tun.

Dieser Bewusstseinszustand ähnelt der Meditation und ist die Ebene in der alles erschaffen wird. Erfolgreiche Menschen kennen diesen Zustand. Sie tauchen ein in ihr Projekt, in ihr Ziel und erschaffen virtuell die Bilder ihres Ziels indem sie sich ganz und gar auf ihr Ziel konzentrieren. Sie geben all ihre Energie ihrem Wunsch, sie fördern ihr Begehren danach indem sie sich ihr Ziel bis ins kleinste Detail vorstellen. Sie sehen bereits in ihrer Vorstellung das Gewünschte und freuen sich bereits das Gewünschte zu haben. Sie verbinden so ihre Gedanken an das was sie wollen mit positiven Emotionen wie Freude und Zufriedenheit und bauen so die Brücke zwischen virtueller und wirklicher Welt. Jeder Mensch der jemals in seinem Leben etwas erreicht hat, hat es mit dieser Methode erreicht. Wenn du aber nicht weißt was du willst, kannst du nicht an das denken was du willst. Und wenn du keine Gedanken hast an das was dir Freude macht, an das was du willst, wirst du nie etwas erreichen. Die Erwartung und die Vorfreude auf ein Ziel

oder auf eine gewünschte Sache ist der Motor der dich voran bringt. Wenn dein Begehren nach dem was du willst ganz und gar von dir Besitz nimmt, wenn du an nichts anderes mehr denken kannst, wenn du all deine Energie dafür aufwendest das Gewünschte zu erhalten, dann wirst du es bekommen. Es geht überhaupt nicht das du es nicht bekommst. Du wirst dein Ziel erreichen. All die Andern haben es auch erreicht. Also kannst du es auch. Auf was wir uns konzentrieren erschaffen wir. Das ist ein unumstößliches Naturgesetz.

Verfalle aber nicht in Übermut. Denn du kannst nur das sein was du selbst erreicht hast. Wenn du vorgibst etwas zu sein was du nicht bist, hast du bereits aufgehört etwas zu werden, sagte Sokrates. Dinge zu haben und zu benutzen ist das Recht eines jeden Menschen. Aber Dinge zu erwerben um vorzugeben etwas zu sein ist Betrug an dir selbst. Die Dinge in deiner Umwelt werden mit dir wachsen. Wenn du dir Dinge anschaffst um größer zu sein als du selbst bist, hast du dich in Wirklich kleiner gemacht. Denn die Dinge die größer sind als du selbst bist, lassen dich klein erscheinen. Sei einfach nur du selbst. Nicht mehr aber auch nicht weniger.

Du kannst erst etwas haben wenn du was bist. Nicht umgekehrt. Das geht nicht. Im Volksmund heißt es: Du bist mehr Schein als Sein.

Viele Menschen leben in und mit diesem Irrtum. Schaue nicht zu anderen Menschen was die mehr haben als du. Du weißt nicht wie sie erreicht haben was sie haben. Wenn du das tust kannst du in Neid und Missgunst verfallen. Wenn du dich auf das konzentrierst was andere mehr haben als du, hast du verloren. Dein Blick geht so immer von unten nach oben. Du wirst so nie erreichen was du willst, weil du immer nur das siehst was andere mehr haben als du.

Auch wenn du glaubst dass du dir Dinge nicht leisten kannst, ist das ein Mangel an Vertrauen in dich selbst. Viele Leute verfallen auch dem Irrtum das die Menge des Geldes für Glück und Reichtum von Bedeutung ist. Mehr Geld bringt dir nicht unweigerlich ein glücklicheres Leben. Und Glück entsteht auch nicht durch Zufall. Glück ist ein Seinszustand der nur von dir herbeigeführt werden kannst. Du bist nicht Reich wenn du viel Geld hast. Du wirst erst dann reich sein wenn du in allen Bereichen des Lebens zufrieden bist. Dazu gehört eine gute Partnerschaft bzw. eine gute Beziehung, eine Arbeit die dich zufrieden stellt, eine Wohnung in der du dich wohl fühlst und natürlich auch ein Einkommen das dir erlaubt die Dinge zu erwerben die du begehrst. Wenn du die Dinge haben möchtest die du begehrst, dann musst du sie selbst erwerben. So wirst du mit den Dingen wachsen die du erwirbst, sie wertschätzen und würdigen und das sein was der Größe der Dinge entspricht. Zufriedenheit und Anerkennung vor dem Erreichten und Achtung vor dir selbst werden so dein Leben bestimmen. Du wirst mehr und mehr Selbstvertrauen und einen starken Glauben in dich selbst gewinnen. Du wirst ein ausgeglichener Mensch werden der Ruhe und Besonnenheit ausstrahlt. Das alles kannst du in überschaubarer Zeit erreichen wenn du all deine Energie in deine Ziele steckst.

Die Welt wie sie uns heute begegnet ist von uns so erschaffen. Die Welt in der du lebst, die du wahrnimmst wurde von dir erschaffen. Es ist nicht deine Aufgabe die Welt zu verändern wenn sie dir nicht gefällt. Das kannst du ohnehin nicht. Lass die Geschehnisse los die dich lähmen und quälen und gehe mit dem Fluss des Lebens. Du kannst nicht ändern was du nicht verursacht hast.

Du kannst dir aber deine Welt gestalten wie du sie haben möchtest indem du dich mit dem umgibst was du haben möchtest. Und du kannst bekommen was du haben möchtest, wenn du dich auf das konzentrierst was du haben möchtest. Wer sonst sollte dir geben was du haben möchtest? Kein anderer wird es für dich tun. Kein anderer wird dir etwas geben. Oder würdest du einem anderen geben was er haben möchte. Wahrscheinlich nicht. Deswegen ist es deine Aufgabe dein Leben zu gestalten.

Jeder Mensch schafft sich sein eigenes Universum, weil jeder seine Energie selbst handhabt. Kein anderer Mensch kann für dich denken. Kein anderer Mensch kann für dich handeln.

Du bist selbst für dein Tun und Handeln verantwortlich und für all die Folgen die daraus entstehen. Ob im positiven oder im negativen Sinne. Die Realität die du wahrnimmst ist die Realität die du dir gebaut hast.

Die selbsternannten Sinngeber oder Glaubensrichtungen die über die Jahrhunderte die Menschen in ihren Bann zogen, ja in ihren Zwangsjacken hielten, sind heute nahezu bedeutungslos geworden. Der Glaube an dich und deine Fähigkeiten und an die

Kräfte der Natur ist der wahre Glaube. Man weiß heute dass der ursprüngliche Glaube aus Ehrfurcht vor der Natur entstand. Alle Kulturen und alle Glaubensrichtungen lehren dass es etwas Größeres als uns gibt. Und weil man sich das Größere nicht erklären konnte, nahm man an das es ein höheres Wesen sein muss. Viele Religionen lehren das heute noch, obwohl man weiß dass es kein höheres Wesen geben kann. Wo sollte dieses Wesen auch wohnen? Die Menschen sind die höheren Wesen auf diesem Planeten und in unserem Sonnensystem und möglicherweise in unserer Galaxie.

Andere Lebensformen außerhalb der Erde kennen wir noch nicht. Es gibt in unserem Sonnensystem nur uns und die Natur und die Kräfte der Natur die alles Wachstum und alles Leben entstehen lassen. Es gibt aber höhere Energieformen, die sind bekannt und manche nennen diese Energien den universellen Geist. Denn es gibt einen individuellen Geist den jeder von uns in sich trägt. Und weil wir nur ein Teil eines Großen und Ganzen sind muss das Höhere das Größere das universelle auch etwas haben was einem Geist nahe kommt.

Die Lebewesen auf unserem Planeten aber machen sich die Kräfte der Natur zu nutze indem sie sie in sich vereinen. Sie konzentrieren die Kräfte in ihrem

Körper, weil die Substanz aus der sie bestehen, bereits reine

Energie ist. Wenn Theologen die universellen Energien Gott nennen, dann reden sie im Grunde von den konzentrierten Formen dieser Energien und die sind in uns Menschen die an der Spitze der Evolution stehen und sie reden von den gleichen Energien die alle nachfolgenden Lebewesen dieses Planeten auch erschufen.

Wenn du dir nun die Frage stellst ob Leben im Universum möglich ist, kann es darauf nur eine Antwort geben und die ist ja. Ja es gibt Leben im Universum, wir sind das Beste Beispiel dafür. Es gibt uns, warum sollte es woanders im Universum nicht auch Leben geben. Die Materie aus der Leben entsteht ist im ganzen Universum verteilt. Wir sind auch aus dieser Materie, es gibt keine andere.

Stellst du dir nun die Frage ob Materie intelligent sein kann, muss darauf auch ein Ja folgen. Ja, Materie kann in bestimmter Form intelligent sein. Wir sind das Beste Beispiel dafür. Wir sind aus der ursprünglichen Materie und wir sind intelligent. Daraus folgt dass Leben oder Intelligenz oder auch Geist an einen Körper und so an Materie gebunden ist. Wer nun Körper und Geist von einander trennt der schafft einen Körper ohne Geist und so einen

Geist der ohne Materie existieren soll. Wie soll Geist ohne Materie bestehen? Das kann nicht sein. Energie wird zu Materie und umgekehrt.

Ob du nun das Höhere den höchsten Geist oder Gott oder dein höheres Ich nennst ist einerlei. Es ist alles das Gleiche.
Und im Grunde glauben alle Menschen an das Gleiche. An eine höhere Macht und diese Macht ist die Natur und die Kräfte der Natur. Sonnst haben wir nichts, weil es sonnst nichts gibt.
Abraham sagte dies bereits vor dreitausend Jahren. Er sagte es gibt nur einen Gott. Er meinte wohl es gibt nur eine Natur. Glaubst du aber an Gott und denkst dabei an ein höheres Wesen, bist du auf der falschen Spur. Es gibt kein höheres Wesen das alles lenkt und regelt. Wo war denn Gott während der beiden verheerenden Weltkriege im letzten Jahrhundert? Wenn es einen Gott gibt, warum hat er diese Kriege nicht verhindert? Warum verhindert er nicht die vielen Morde und Vergewaltigungen? Stelle dir die Erde ohne den Menschen vor. Wo ist dann das Böse? Es existiert nicht mehr. Die Tiere sind nicht böse und die Pflanzen auch nicht. Denke darüber nach und du wirst feststellen das es wahr ist.
Glaubst du hingegen an einen Gott und bist hierbei mit deinen Gedanken bei dir und der Natur, dann

liegst du richtig. Denn zunächst sollte jeder Mensch an sich glauben, an sich und seine Stärken. Denn wenn du an dich glaubst und Ziele hast, nach diesen Zielen strebst und sie schließlich erreichst, gewinnst du mehr und mehr Selbstvertrauen und so immer mehr an Stärke. Das ist der wahre Glaube.

Viele vergangene Kulturen beteten die Sonne an. Daran war nichts Verwerfliches. Denn alles Leben auf der Erde entstand und entsteht letztendlich durch die Energie der Sonne. Die Pflanzen wachsen und gedeihen nur durch die Energie der Sonne die uns wiederum als Nahrung dienen. Die gesamte Biomasse entsteht durch die Energie der Sonne. Unsere Gedanken sind so umgewandelte Sonnenenergie wie alles Leben auf der Erde umgewandelte Sonnenenergie ist.

Alles Wachstum entsteht entlang der Linie des Lebens in einer bestimmten Zeit. Alles braucht eine gewisse Zeit zum Werden. Das ist bei deinen Wünschen nicht anders. Lenkst du deine Energie auf deine Ziele und Wünsche wirst du sie erreichen, wie alles in der Natur durch stetige Energiezugabe in stetiges Wachstum umgewandelt wird. Gibst du aber wenig Energie in deine Wünsche, denkst du klein wirst du klein bleiben. Wer viel Energie in seine Wünsche gibt, wer größer denkt wird größer werden.

Wer nicht größer denkt hat keine Veranlassung größer zu handeln. So musst du dir ein großes Ziel setzen damit du groß denkst und dich so selbst zu großem Handeln veranlasst. Du darfst aber keinen Druck erzeugen. Druck erzeugt immer nur Gegendruck. Lass den Dingen ihren Lauf. Es geschieht buchstäblich von selbst entlang der Linie des Lebens. Lass es einfach geschehen. So wie in der Natur alles Wachstum von selbst geschieht, so kannst auch du dir die Kräfte der Natur für dein Wachstum zunutze machen. Das ist nicht schwer, im Gegenteil es ist ganz einfach, es ist einfach genial. Alles was genial ist, ist einfach und alles was einfach ist, ist meistens genial.

Es gibt viele Menschen die dieses Prinzip erkannt haben. Einige nennen es das Gesetz der Anziehung, andere nennen es Gott, wieder andere nennen es den höchsten Geist. Nenne du es wie du möchtest. Du kannst dir einen X-beliebigen Namen wählen, es ist alles das Gleiche.

Leben entsteht im Universum jeden Tag neu. Wir sind auch im Universum geboren. Und auch tot geglaubtes Leben beginnt wieder zu leben. Ein gutes Beispiel dafür ist das Bärtierchen. Das Bärtierchen kann sich in den Zustand der Anhydrobiose versetzen. Das bedeutet dass es völlig austrocknet. Es kann so ungünstige Lebensbedingungen mehrere

Jahrzehnte und Temperaturen bis minus 243 Grad überdauern. Kommt es dann mit flüssigem Wasser in Berührung beginnt es wieder zu leben. Nach unserem Verständnis aber ist das Tier aber tot. An diesem Beispiel siehst du dass nicht tot ist was wir den Tod nennen. Denn das Ende des Lebens, den Tod so wie es sich die Menschheit vorstellt gibt es im Universum nicht. Auf der Erde entsteht Leben immer wieder neu und überall. Es ist ein ewiger Kreislauf von Werden und Vergehen.

So muss es im Universum auch sein. Die Annahme, die Erde sei der einzige Planet im Universum auf dem es Leben gibt ist so unglaublich klein gedacht, wie einst die Annahme die Erde sei der Mittelpunkt des Universums. Wenn es auf der Erde Leben gibt, muss es auf anderen erdähnlichen Planeten auch Leben geben.

Der Tot ist nicht das Ende des Lebens, sondern ein Neubeginn. Fachleute auf diesem Gebiet sprechen davon, dass der Tot nur eine Illusion ist. Deswegen braucht niemand Angst vor dem Tot zu haben. Die Substanz aus der du bist gelangt zurück in den Kreislauf des Lebens. Und wenn du heute ein Glas Wasser trinkst, dann nimmst du einen kleinen Teil all der Lebensformen auf die bereits vor dir gelebt haben und vergangen sind. Denn die Atome und Moleküle vergehen nicht. Und vielleicht nehmen wir auch so Informationen all der vorangegangenen Lebensformen mit auf.

Ein Atom besteht zu 99,9 % aus leerem Raum und somit der Mensch auch. Und ob ein Atom Informationen speichern und somit weitergeben kann weiß man noch nicht. Man sollte nicht behaupten dass es das nicht kann. Denn schon vieles was für unmöglich gehalten wurde gibt es bereits seit langem und gehört heute zu unserem Alltag.

Die Wissenschaft war sich schon immer einig, dass man die Menschheit in verschiedene Rassen unterteilen muss. Das ist auch nicht richtig. Durch ein Vergleichen der Erbsubstanz aller Menschen auf den Kontinenten dieser Erde hat man herausgefunden dass die genetische Vielfalt bei weitem nicht so groß ist wie man immer annahm. Im Grunde gibt es nur eine ganz geringe genetische Vielfalt unter den Menschen. Man weiß heute dass die gesamte Menschheit von einer kleinen Gruppe von nicht einmal Hundert Individuen abstammt. Das Erbgut oder auch Genom genannt ist bei allen Menschen zu 99,9 % gleich.

Das bedeutet, wir sind alle miteinander verwandt. Wir sind alle eine Familie, wir sind allen eins. Die Unterschiede in der Hautfarbe der Menschen oder in den äußeren Erscheinungen entstanden lediglich durch die unterschiedlichen klimatischen Bedingungen in der er lebte, bzw. lebt. Die Menschen in den nördlicheren Regionen haben beispielsweise eine helle Haut um so mehr Sonnenlicht aufnehmen zu können, weil die Sonne im Norden nicht so lange scheint als in den südlichen Gebieten der Erde wo die Haut der Menschen dunkler ist weil sie mehr als genug Sonne haben können.

Es gibt keine unterschiedlichen Menschenrassen und darum auch keine höheren oder niederen Menschen. Wir sind alle eins das muss uns allen klar werden.

Obwohl die Zahl der heute lebenden Menschen die Achtmilliarden bereits übersteigt, hat man unter den wenig verbliebenen Affen die es noch gibt eine größere genetische Bandbreite feststellen können als unter den Menschen.

Deswegen und gerade deswegen ist keiner größer oder höher oder edeler als der andere.

Wir sind alle eine Familie, wir sind alle Brüder und Schwestern, wir sind alle miteinander verwandt.

Das mag dem Einen oder Anderen überhaupt nicht gefallen. Dennoch ist das eine unumstößliche Tatsache. Nach der letzten Eiszeit gab es nur wenige Menschen auf der Erde. Durch die stabilen klimatischen Bedingungen die danach herrschten und bis heute anhalten explodierte das Leben auf diesem Planeten. Die Spezies Mensch ist aber gerade dabei alles kaputt zu machen was die Natur entstehen ließ. Wenn wir so weiter machen wie bisher werden wir nicht mehr lange auf diesem Planeten leben können. Rechnen wir 300 Generationen zurück, kommen wir in die Nähe der auslaufenden Eiszeit. Denken wir aber nur 10 Generationen voraus muss jedem klar werden, dass wir so nicht weiter machen können und der Kollaps dieses Planeten unmittelbar vor uns liegt.

Der Mensch muss sich wieder bewusst machen was er ist. Er ist ein Teil dieser Natur die uns alles bietet was wir zum Leben brauchen.

Wir müssen uns darin üben Erfurcht und Respekt vor unserer Natur zu haben und das Leben in allen seinen Formen zu achten und daran arbeiten es zu schützen und zu erhalten.

Denn mit der fortschreitenden Zerstörung der Natur zerstören wir uns selbst. Das muss uns allen klar werden sonst haben wir auf diesem Planeten keine Chance zu überleben. Wo sollten wir sonst leben, wir haben keinen anderen Ort.

Darum sollte sich jeder nach dem der Sinn seines Daseins fragen. Jeder sollte mit seinem Dasein dem Leben etwas hinzufügen. Er sollte das Leben bereichern.

Denn wir sind von der Natur geschaffen um in der Natur zu erschaffen.

Wir werden nicht an dem gemessen was wir haben, oder wie viel Geld wir anhäufen oder wie viel Ruhm und Ehre wir erlangen. Wenn wir in den Kreislauf des Lebens zurückkehren, werden wir an dem gemessen werden was wir hinterlassen.

Wenn du etwas hinterlässt was den nachfolgenden Generationen von Nutzen ist, wenn du etwas mit deinen Gedanken, mit der Energie in der du dich bewegst erschaffen hast, dann hast du dem Leben etwas hinzugefügt und man wird sich an dich erinnern. Der Mensch neigt dazu an etwas zu glauben was er nicht erkennt oder noch nicht sieht. Dieser Glaube ist wohl aus Ehrfurcht vor den Kräften der Natur die ihm alles boten was er zum Überleben brauchte entstanden, die aber auch alles zerstören konnten was er hatte. So lernte er auch Demut vor der Natur, die dem modernen Menschen leider verloren ging. Wir sind die Spitze der Evolution aber nicht die Heilsbringer aller Geschöpfe.

Die Menschen der Frühzeit waren täglich gezwungen, Nahrung zu beschaffen. Sie durchstreiften Tag für Tag ihre Umgebung nach etwas Essbarem, immer in der Annahme, auch etwas zu finden. So entwickelte sich die Willenskraft des Menschen und parallel dazu der Glaube daran, nach dem Aufbruch zur Jagd auch etwas Essbares zu finden.

Der Wille zum Überleben und der Glaube an den Erfolg der Jagd, der Glaube daran, etwas zum Essen zu finden, sind Parallelen in der Entwicklung des menschlichen Daseins. Dieser Drang zum Weitermachen, der Drang zum Überleben, der unsere Spezies prägt, wohnt jedem Menschen inne. Jeder Mensch trägt diese Fähigkeit in seinen Genen. Hätte der Frühmensch nicht an den Erfolg der Jagd geglaubt, wäre er mit großer Wahrscheinlichkeit in seiner Höhle verhungert. Der Glaube an den Erfolg der Jagd und das Vertrauen in seine Stärken waren die Bausteine für sein Überleben und der Hunger das Fundament des Willens. Ständig den Kräften der Natur ausgesetzt, in völliger Dunkelheit, in Kälte und Hitze, bei Stürmen und Regen, bedroht von Raubtieren und Krankheiten eroberte der Mensch im Laufe der Jahrtausende den ganzen Planeten. Es grenzt an ein Wunder, dass wir allen Widrigkeiten zum Trotz überlebt haben. Unser starker Wille weiterzumachen und der Glaube in unsere Kraft, in unsere Stärke, hat dies möglich gemacht. Wir sind auch heute noch zu Leistungen fähig, die wir uns nicht mal ansatzweise vorstellen können.

Wenn wir uns zurückbesinnen und uns wieder bewusst machen, dass uns dieser wütende Planet hervorgebracht hat und wir andererseits alle seine Vernichtungsversuche überstanden haben, muss uns klar werden, dass wir nur überleben können, wenn wir uns an die Spielregeln halten, die uns die Natur vorschreibt. Wir führen einen Kreuzzug gegen das Leben. Wenn wir diesen nicht beenden, beendet uns die Natur. Wir sind intelligent genug, um dies zu begreifen. Wir müssen aber auch danach handeln.

Es gibt keinen Gott, es sei denn, du erschaffst dir einen. Der Doppelspaltversuch hat uns gezeigt, dass alle Teilchen des Universums miteinander verschränkt sind. Es ist ein riesiges Informationsfeld, in dem alle Teilchen in einem Wartezustand verharren, in einem Überlagerungszustand sind, sich in einem Feld aller Möglichkeiten befinden, aus dem alles entstehen kann. Ändert man den Zustand eines verschränkten Teilchens, ändert sich der Zustand eines weit entfernten Teilchens auch. Und das zeitlos über riesige Distanzen. Misst man beispielsweise den Spin, also die Drehrichtung eines Atoms, wird die Drehrichtung des verschränkten Atoms im selben Moment festgelegt. Einstein nannte dieses Phänomen die *spukhafte Fernwirkung*.

Wenn du dich auf eine Sache konzentrierst, oder meditierst, du kannst es auch *beten* nennen, es ist alles das Gleiche, dann zwingst du das System, einen bestimmten Zustand einzunehmen, der deiner Konzentration, deinem Wunsch oder deinem Ziel entspricht. Dadurch veränderst du das System – was es auch ohne dich tun würde, nur dass du jetzt aktiv daran teilnimmst. Da du auch ein Teil dieses Systems bist, veränderst du dich mit, auf der gleichen Ebene. Das bedeutet, wie es Einstein bereits vorhersagte: *Wir erschaffen mit unserem Denken unsere Realität.* Die Realität, die du wahrnimmst, ist die, die du dir erschaffen hast. Es gibt Menschen, die nennen diese Vorgehensweise das *Gesetz der Anziehung*, andere die *Vorsehung*. Ich nenne es den *wahren Glauben*. Denn der Glaube an einen Gott ist nichts anderes als der Glaube an uns selbst, das Vertrauen in uns selbst. Wenn du an dich glaubst, wenn du dir vertraust, dann bist du dein eigener Gott.

Luther übersetzte den Namen *Gott* aus der Bibel so. *Ich werde sein, der ich sein werde.*
Eine andere Übersetzung lautet: *Ich bin der, der ich bin.*
Im Grunde kannst du all das im Buch geschilderte in diesen beiden Ausführungen bereits finden. Du bist, wer du bist, und kannst sein, was du sein willst. Das ist die wirkliche Wahrheit.
Willst du eine andere, eine bessere Welt haben, musst du sie dir erschaffen – mit deinen Gedanken und mit deinem Willen.

Ich wünsche den Lesern dieses Buches allen erdenklichen Erfolg und viel Freude an ihrem Dasein auf dieser Erde.

Hier schreibst du all das auf, was du bereits hast, wofür du dankbar sein kannst.

_____

_____

_____

_____

_____

_____

_____

_____

_____

_____

Hier schreibst du dir deine Wünsche oder Ziele auf.

_____

_____

_____

_____

_____

_____

_____

_____

_____

_____

_____

Zeitfracht Medien GmbH
Ferdinand-Jühlke-Straße 7
99095 Erfurt, Deutschland
produktsicherheit@kolibri360.de